함께 빛나면 큰 별

함께 빛나면 큰 별
— 김거성 에세이

2022년 2월 20일 처음 펴냄

지은이 | 김거성과 열여덟 사람 함께 씀
펴낸이 | 김영호
펴낸곳 | 도서출판 동연
등 록 | 제1-1383호(1992년 6월 12일)
주 소 | 서울시 마포구 월드컵로 163-3
전 화 | (02) 335-2630
팩 스 | (02) 335-2640
이메일 | yh4321@gmail.com
블로그 | https://blog.naver.com/ymedia0116

ISBN 978-89-6447-763-2 04040
ISBN 978-89-6447-743-4 (세트)

함께
빛나면
큰
별

김거성과 열여덟 사람 함께 씀

동연

김거성, 함께 빛나면 큰 별

노영민
전 대통령 비서실장

반백 년의 인연

김거성 수석, 그와 처음 만난 것은 벌써 46년 전인 1976년, 대학에 갓 입학했을 때였다. 우리는 바로 기독학생회(SCA)에 가입하여 같은 소모임에서 카(E. H. Carr)의 『역사란 무엇인가』 등의 책들을 읽고 토론하면서 당시 서슬 퍼런 박정희 군부독재하에서 이른바 '일부 몰지각한' '문제학생'으로 민주주의를 염원하며 함께 활동했다.

1977년 10월 12일 수요일 정오에 기독학생회 사무실에서 그를 만났다. 전날 내가 신당동 형제교회에서 등사해 온 구국선언서를 내밀고 신과대에서 배포하면 좋겠다고 제안했다. 그는 잠깐 기도하더니 그 자리에서 내 제안을 바로 받아들였다. 나는 대강당에서 채플을 마치고 나오는 학생들에게 그 갱지 유인물을 배포하다가 현장에서 체포되었다. 그런데 그는 한경관에서 신과대 예배 후에 학생들에게 구국선언서를 나누어주고 낭독까지 마쳤으며, 고향인 전북으로 도피했지만 전화를 도청한 경찰들에게 다음 날 잡혀 왔다.

우리는 이른바 대통령긴급조치 제9호 위반으로 기소되었고, 검사는 나에게는 징역 7년과 자격정지 7년을, 김거성에게는 징역 단기 4년 장기 5년과 자격정지 5년을 구형하였다. 1심에서는 나에게는 징역 5년에 자격정지 5년을, 그에게는 징역 단기 2년 장기 3년에 자격정지 3년을 선고하였다. 2심에서는 형기가 절반으로 줄었으나 우리는 서울구치소에서 옥중선언서를 낭독하고 "유신헌법 철폐하라", "긴급조치 해제하라" 등을 외쳤다는 이유로 추가 기소되었으며, 그는 안양교도소로 나는 홍성교도소로 이감되었다.

우리가 재회한 것은 1979년 초여름 영등포교도소에서였다. 그가 원래 받은 형기를 모두 살고, 바로 추가 건으로 다시 미결수로 이감되어 다시 감옥살이를 시작한 날이었다. 그는 수번 1번, 나는 2번이었다. 그해 6월 말부터 7월 초에 카터 대통령이 방한하여 양심수 문제를 제기한 결과 박정희 정권은 긴급조치 구속 인사들을 제헌절 특사 명목으로 모두 풀어주게 되었다. 다만 미결수들은 제외였는데, 김 수석은 거기에 해당되어 이른바 '주범'인 나보다 한 달 가까이 징역살이를 더 하고 광복절 특사로 풀려났다.

우리는 1980년 광주민주화운동으로 수많은 무고한 희생의 아픔을 어떻게 대응해야 할지를 상의하였고, 그는 유인물 제작 배포를 맡겠다고 나섰다. 그런데 그런 대화 직후에 광주항쟁 관련 유인물이 연세대 교내에 뿌려졌다. 경찰은 탐문 끝에 우리가 그런 논의를 했다는 것을 알아냈고 후배들로부터 시작해서 마지막에는 공유상, 김거성 그리고 나까지 세 명을 서대문경찰서로 연행하였다. 처음에는 입었던 옷을 모두 벗기고 팔굽혀펴기로 시작했다. 지쳐 중단하자 발길질 또 주먹과 각목으로 패기 시작했다. 사흘 동안 잠을 안 재우고 졸면 다시 몽둥이질, 그러다가 물고문까지 당해야 했다. 나중에는 우리가 입었던 속옷들이 핏물로 흥건히 젖어 피부에 말라붙기까지 했다.

청와대 수석이 되어

그는 2019년 7월 말 청와대 시민사회수석으로 문재인 대통령의 부름을 받았다. 그가 경기도교육청에서 감사관으로 활동하면서 사립유치원 감사를 통해 유아교육 공공성 증진에 이바지했다는 것도 평가되었지만, 한국투명성기구를 창립하여 15년 동안 이끌어 오고 국제투명성기구에서 두 차례나 이사로 선출되어 6년 동안 활동하며 국제적인 감각을 익힌 것 등을 감안한 인사였다.

2020년 초 위겟 라벨르Huguette Labelle 국제반부패회의(IACC) 의장은 청와대를 예방한 자리에서 자신이 김거성 수석과 2005년부터 TI(국제투명성기구) 이사회에서 함께 활동했던 인연을 설명했다. 그러자 문재인 대통령은 이미 2003년에 자신이 그와 함께 한국이 주관했던 IACC 실무 준비를 담당했었다고 언급하기도 했다.[*]

김 수석은 청와대에서도 늘 우리 사회의 가장 아픈 사람들 편이었다. 민주화운동에 헌신, 희생한 분들에게 정부가 적극적으로 훈·포장을 드려야 한다고 주장하여 결국 이를 관철시켰다. 2020년 6월항쟁 기념식에서 이한열 열사의 어머니 배은심 회장에게는 대통령께서 국민훈장 모란장을 직접 드렸고, 돌아가신 전태일 열사의 이소선 어머니, 박종철 열사의 박정기 아버지 등 열한 분에게는 가족 등을 통해 추서할 수 있었다. 나아가 그는 전태일 열사의 50주기를 맞아 국민훈장 무궁화장을 추서하여 국가와 국민이 그의 희생에 대해 최소한의 감사 표시라도 할 것을 제안하였고, 이 또한 실현되었다.

뿐만 아니라 발달장애에 대한 국가책임의 강화를 요구하였다. 실무부서는 장애인 정책들 가운데 하나로 들어가 있다고 했지만, 치매와 같이 별도의 항목으로 강조하여 추진하자는 대통령의 동의를 이끌어 내기도 했다.

김 수석은 민주시민교육의 중요성을 강조하고 지원 입법을 위해 동분서주하였다. 그가 이 주제로 회의할 때에는 개인별로 따로 차 주문을 받아 과일과 함께 대접했다는 유명한 일화는 참석자들에게 그의 민주시민교육에 대한 열정을 전달하기에 충분했을 것이다.

그는 또 시민참여의 확대를 강조했다. '열린정부 파트너십'(Open

---

[*] https://www.korea.kr/news/blueHouseView.do?newsId=148868932.

Government Partnership) 인사들이 청와대를 방문하여 그와 대화를 나누고 감탄하며 돌아갔다는 소식도 들었다. 이처럼 그의 노력에 힘입어 문재인 정부는 환경, 반부패, 양성평등, 보건 안보 등 대외 직명대사를 임명하였고 공공외교에의 민간 참여 확대를 추구하고 있다.

함께 빛나면 큰 별

그의 한문 이름의 뜻은 '큰 성품'(巨性)이지만, 많은 사람은 그를 '큰 별'(巨星)이라 부른다. 그는 늘 겸손하게 대답한다. 큰 별이 아니라 큰 성품 되라고 지어준 이름이라고.

그렇지만 나는 강조하고 싶다. "작은 별들이 함께 빛나면 큰 별" 아니냐고. 나도 늘 그의 곁에 함께 빛나고자 하는 작은 별들 가운데 하나다. 함께 빛나는 큰 별을 김 수석과 더불어 꿈꾼다.

2022년 1월

한결같음의 기쁨

장하나
정치하는엄마들 사무국장, 제19대 국회의원

저는 제19대 국회에서 비례대표 의원으로 일했고, 임기 중에 출산한 최초의 국회의원으로 기록되었습니다. 제20대 총선 도전에 실패한 이후 '엄마'라는 계층이 겪는 차별과 혐오를 해소하기 위해서, 무한경쟁·각자도생의 시대상 속에 행복추구권을 박탈당한 아동들의 인권을 옹호하기 위해서 엄마들의 정치세력화를 제안했습니다. 엘리트 정치의 한계를 뛰어넘고자 엄마들의 당사자 정치에 뜻을 같이한 30여 명의 양육자가 모여 2017년 6월 11일 시민단체 '정치하는엄마들'을 창립했습니다.

정치하는엄마들이 발표한 첫 번째 성명서의 제목이 "유아교육·보육은 비즈니스가 아니다!"였는데요. 정치하는엄마들이 창립 직후에 착수한 캠페인 중 하나가 바로 사립유치원 비리 척결이었지요. 직접적인 계기는 2017년 2월 국무조정실 부패척결추진단이 발표한 유치원·어린이집 특정 감사 결과 보도자료였습니다. 전국의 대규모 유치원·어린이집 95곳(유치원 55, 어린이집 40)을 선정하여 특별 감사를 추진한 결과 유치원 54곳에서 182억, 어린이집 37곳에서 23억의 비리 금액을 적발했다는 충격적인 내용이었습니다. 사립유치원 55곳 중 54곳이 비리를 저질렀다는 것도 놀랍지만, 비리 규모가 사립유치원 한 곳당 수억에서 많게는 수십억에 이른다는 사실에 경악을 금치 못했습니다. 국공립유치원의 학부모 부담금은 0원에 가까운 반면 수도권의 사립유치원 학부모 부담금은 대학 등록금에 버금가기 때문에 유치원 학부모들 등골이 휠 지경인데요. 유치원 교비 회계가 아이들 교육에 쓰이지 않고 불법으로 이사장 쌈짓돈처럼 쓰였다는 사실에 분노할 수밖에요. 회계 비리도 자체도 문제고, 명색이 교육기관인데 불법 행위가 만연해 있는 현실이 참담했습니다.

이후 정치하는엄마들은 비리 유치원 명단을 확보해서 학부모와 국민의 알 권리를 지키기 위해 정보 공개 청구와 행정 소송을 잇달아 실시했고, 2018년 10월 국정감사 때 비로소 비리 유치원 명단이 공개되면서 이른바 '사립유치원 비리 사태'가 촉발되었습니다. 제가 김거성 수석을 알게 된 것은 바로 그 무렵이었는데요. 당시 그는 경기도교육청에서 감사관 임기를 마친 직후였고, 저는 정치하는엄마들의 활동가로서 유치원 비리 수법과 대책을 가장 잘 아는 분을 찾다 보니 그를 발견(?)하게 됐습니다. 전국 시도교육청의 유치원 감사 결과를 보다 보니 비리 적발 성과나 징계·형사 고발 등 후속 조치 면에서 경기도교육청 감사관실이 단연 앞섰고, 이 책 본문에도 언급된 이른바 '골드바' 사건 때문에 특히 그를 만나고 싶어졌습니다.

그때만 해도 사람들은 사립유치원 이사장·원장들의 모임인 한국유치원총연합회(이하 한유총)에 대해 잘 몰랐지만, 저는 이십 대 중반에 정당 활동을 시작해서 삼십 대 중반에 도의원 선거에 낙선하였고, 이후에는 국회의원으로 활동하면서 크고 작은 선거를 직·간접으로 경험했기 때문에 한유총의 정치인들에 대한 로비력이 어느 정도인지에 대해 잘 알고 있었습니다. 조직력·자금력이 되니까 정치인들이 한유총 눈치를 안 볼 수가 없는 거죠. 그런데 대형 유치원을 4개나 거느린 기업형 비리 유치원 설립자가 골드바까지 뇌물성으로 보낸 것을 보면, 지역 정치인들을 동원해서 감사를 방해하려고 그와 감사 담당자들을 아주 들들 볶았을 것이 눈에 훤하게 보였습니다. 나중에 알고 보니 김 감사관은 한유총 회원들로부터 수차례 고소·고발을 당했다고 합니다. 온갖 회유와 협박에도 아랑곳없이 한길로 비리를 파헤친 그에게 다시 한번 감사의 인사를 드립니다.

유치원 교비 회계로 명품 가방·외제차·성인용품을 사고, 아이들의 교육비를 훔쳐 자기 자녀 입시 교육비로 쓰고, 근무하지 않는 일가 친척을 직원으로 등록해서 인건비를 빼돌리고, 가족 명의로 페이퍼 컴퍼니를 설립해 터무니없는 가격으로 교재·교구를 납품받고, 그도 모자라 부실 급식까지…. 명품유치원의 비리 본색이 언론을 통해 알려지자마자 전국민적인 공분을 불러일으켰습니다. 그럼에도 불구하고 한유총 측이 집단휴업을 강행하려 하는 등 반성의 기미가 없자 사립유치원 비리 사태의 파장은 오히려 눈덩이처럼 커졌고, 유아교육의 공공성과 회계 투명성을 제고하기 위한 '유치원 3법'이 발의됐습니다. 자유한국당(현 국민의힘)의 집요한 방해로 패스트트랙(신속처리안건), 필리버스터 등 우여곡절을 겪었지만, 2020년 1월 무려 448일 만에 유치원 3법이 본회의를 통과했습니다. 그 변화의 시작 그리고 바탕에 그를 비롯한 경기도교육청 감사 담당 공무원들, 시민감사관들이 있었다고 해도 과언이 아닙니다.

김거성 감사관을 직접 만났을 때 예상보다 중후한 모습에 놀랐습니다. 골드바를 되돌려 보낼 정도로 꼬장꼬장하고 불의와 타협하지 않는 분이라면 왠지 젊고 아직 사회를 모르는 분이 아닐까 생각했었거든요. 그의 부드러운 성품에도 놀랐습니다. 비리 유치원 감사 결과를 보면 날카롭고 매우 냉정한 분일 것 같았는데 오히려 정반대였죠. 그리고 이미 2013년에 제가 연세민주동문회로부터 '자랑스러운 연세인'으로 상을 받았을 당시 동문회 회장이셨던 것도 말씀하셔서 그제서야 몇 년 전의 일을 기억해 낼 수 있었습니다. 존경할 어른을 찾기 힘든 시대에 말보다 실천을 앞세우는 선배를 알게 되어 참으로 기뻤습니다.

그가 청와대 시민사회수석으로 활동할 때 다시 만났습니다. 어린이보호구역(스쿨존)에서 교통사고로 아이를 잃은 부모 등이 그 아픔을 딛고 어린이들이 안전하게 다닐 수 있는 사회를 만들어 달라고 울며 호소하고 있을 때, 정치하는엄마들이 그분들을 모시고 청와대를 찾아갔습니다. 그는 예의 따뜻함으로 그분들과 만나 안타까움을 함께 나누었습니다. 그리고 관련 부처와 시민단체, 교육기관, 언론 등과 협의하면서 법제와 시설 등의 정비는 물론, 나아가 어린이 보호가 사회 문화로 자리 잡을 수 있도록 준비하고 있던 여러 가지 방안들을 제시하였습니다. 이 책에서 자전거라는 동요에 깔려 있는 운전자 중심의 교통문화를 지적하고 보행자 우선 원칙의 실천을 외쳤던 10여 년 전의 그의 글을 만나게 되어 또 기뻤습니다.

이 책에서 여러 시기에 다양한 곳에서 그를 만난 분들의 글을 읽었습니다. 그 모든 글이 마치 한 사람이 쓴 것 아닐까 하는 생각이 들 정도로 그에 대한 생각들이 한결같았습니다. 바로 제가 만난 사람이었습니다. 많은 분이 이 책을 통해서 김거성 수석을 만나고, 더불어 제가 느꼈던 반가움과 기쁨 또한 함께 누리시길 바랍니다.

어깨를 걸고 더불어 걷는
벗님들이 있는 사람은 행복하다

김거성

1977년 10월 12일, 연세대 신과대학 채플 시간에 박정희 유신독재에 반대하는 유인물을 배포하고 낭독한 것은 불과 몇십 분 동안에 일어난 사건이었다. 그런데 아직 10대였던 그 소년의 판단, 아니 그 결단이 지금까지 반백 년 가까운 삶에 영향을 끼치고 있다.

여러 영역에서의 활동 이후 1999년에 (사)한국투명성기구의 전신인 반부패국민연대를 창립하면서부터는 반부패 운동에 전심전력하는 삶을 살고자 했다. 결코 나 자신이 완벽한 사람이어서가 아니다. 오히려 흠결이 많고 부족한 존재일 뿐이다. 하지만 투명성, 책무성,

청렴성 등은 민주주의의 내용 가운데 한 몫을 차지하기 때문이다. 그래서 보다 맑고 깨끗한 내일을 일구어내는 일을 내 책임이라고 자임하며 지금까지 살아오고 있다.

우리가 살고 있는 현실이 독재와 부패로 얼룩지고 그늘져 있을 때, 그 어둠 속에는 아파 신음하며 힘들어하는 이웃들이 있음을 잊어서는 안 된다. 그리고 그 아픔을 딛고 일어설 수 있도록 희망을 일구어내는 일이 꼭 필요하다. 그런데 그런 희망은 결코 한두 사람의 능력으로 또 하루아침에 만들어지는 것이 아니다. 한국투명성기구 사무총장, 부회장, 회장 그리고 국제투명성기구 이사 등 시민사회 활동가로, 나아가 경기도교육청 감사관이라는 공직자로 활동하면서 이를 절감하게 되었다.

감사 담당을 비롯한 공무원들, 시민감사관들, 시민사회단체, 맘카페 회원들, 언론 그리고 정부와 의회 속에서 바른 생각을 가지고 실천하는 사람들이 함께 힘을 모았다. 계란으로 바위 치기라는 패배주의, 조금 저렇게 하다가 지치고 말 것이라는 비아냥 등을 딛고 유치원 3법을 바꾸어내는 성과까지 도달할 수 있었다. 그로 말미암아 교육 현장의 공공성과 투명성을 작게나마 높일 수 있었던 것이다. 바로, 여럿이 함께 또 곳곳에서, 오랫동안 지속적으로 실천하는 데서 변화와 희망의 씨앗이 움튼다는 사실을 확인하는 순간이었다.

그처럼 아름다운 사회를 향해 나아갈 때 어깨를 걸고 더불어 걷는 벗님들이 있는 사람은 행복하다. 이 책에는 내 글이나 인터뷰뿐만 아니라 함께 쓴 분들의 글이 실려 있다. 나와의 만남으로부터 시작해서 함께 한 삶과 활동 등 여러 선배, 벗님들의 기록이다. 하지만 그 글뿐만 아니라 그 바탕에 깔린 그분들의 빛나는 삶의 궤적도 행간을 통해 함께 읽을 수 있기를 기대한다.

"함께 빛나면 큰 별"이라는 이 책의 제목도 노영민 벗님 추천의 글에서 따왔다. 이 책이 정말 빛나는 것은 지금까지 나와 함께 해 온 선배님들 또 벗님들의 삶이 빛나는 까닭이다. 작지만 나도 그분들과 함께 빛나는 삶으로 언제나 마음 흡족하다. 그 글들도 고맙지만, 무엇보다도 그분들을 포함한 모든 벗님의 삶에 함께 할 수 있어서 감사하다. 또 영광이다. 그래서 늘 감사하는 삶이다.

차 례

김거성이 걸어온 길

❧

평화를 만들려던 한 신학생

신학생이던 청년 시절(1976)

고교 시절 이과 공부를 하던 나는 예비고사도 끝난 막판에 문과로
바꾸겠다는 갑작스러운 결심을 했다. 유기화학에 끌려 원하던 성적이
나오면 특차로 화학과에 진학하려 했는데, 결과는 그 점수에 미치지
못했다. "한국신학대학으로 진학하려 합니다. 이제 저는 본고사에 국
어, 영어, 국사만 준비하면 되니, 수학 시간 등에 다른 공부를 할 수
있게 허락해 주세요." 이렇게 간청하는 학생에게 교장 선생님은 오히

려 한참을 붙들고 "신학대 가면 절대 안 된다. 꼭 이과, 공대로 가야 앞길이 훤하다"라고 설득했다. 그럼에도 불구하고 신학대 진학을 고집하자 교장 선생님은 대신 "수학 시간에 빠지면 안 된다"는 엄명을 내렸다.

교회에서 학생회장을 지내고 당시 루터교단에서 선발한 신학생 후보자가 되어 한신대에서 위탁교육을 받을 준비를 하고 있던 나는 본고사까지 남은 기간을 안타깝지만 어쩔 수 없이 수학을 포함한 모든 과목 수업에 참여해야 했다. 그런데 갑자기 루터교단에서 1976년부터는 위탁교육 기관을 연세대 신학과로 바꾸었고, 그 입학이 최종 확정되면 교단에서 학비를 전액 지원해 준다는 소식이 들려왔다. 한신에서 연신으로 지원을 바꾸게 되었고, 결국 본고사에서 수학 시험도 치러야 했다. 고교 동기 친구의 아버지인 그렇게도 원망스럽게 느껴졌던 양재각 교장 선생님이 갑자기 고마운 분으로 바뀌게 된 것이다.

사실 어렸을 때부터 집에서 벽장에 올라가 매일 가정 예배에 참여하고 인도하면서 "나는 목사가 되겠다"고 말했던 까닭에 나의 의지로 신학을 선택했고, 연세대 신학과 합격 통보를 받은 것이라고 자부했다. 그런데 할머니로부터 뜻밖의 말씀을 듣게 되었다. 어머니가 결혼하고 나서 아기를 가지지 못하여 "아들을 주시면 첫째는 하나님 종으로 바치겠다"고 서원하고 가진 아들이니 신학을 공부하는 것이 마땅하다는 말씀이었다.

이른바 '대통령긴급조치제9호' 위반(1977)

40여 년 전인 1977년 10월 12일 수요일 정오에 연세대 한경관 2층 강당에서 신과대 채플이 있었다. 지금은 육의 양식을 공급하는 식당으로 쓰이는 그곳에서 신과대 채플이 막 시작되어 묵도를 드리고 있던 나를 누가 툭툭 쳐서 돌아보니 기독학생회(SCA) 동기인 친구 강성구(현 민주화운동기념사업회 상근부이사장)였다. "영민이가 서클룸에서 좀 보자는데…", "기도 끝나고…"라 대답한 후 함께 대강당 입구에 있던 서클룸으로 가니 노영민(전 대통령비서실장)이 등사해 온 '구국선언서'를 한 뭉치 내어놓으며 신과대 예배가 끝나면 뿌려달라고 부탁을 해왔다. 잠시 내용을 읽어보고, 기도를 드리고 나서 "그렇게 하자"라고 대답했다. 신과대 예배를 마친 후 이를 나누어주고 낭독했다. 본문을 다 읽고 나니 '우리의 결의'라는 부분이 나왔다. "하나. 학원과 언론의 자유를 쟁취한다." 나는 난생처음으로 이런 글을 낭독하는데, 갑자기 학생들이 "하나", "쟁취한다, 쟁취한다, 쟁취한다"라고 따라 외쳐 깜짝 놀랐다. "아 이렇게 하는 것이구나…." 내 눈에는 눈물이 핑 돌았다.

그날 노영민이 대강당에서 유인물을 뿌리는 모습을 보면서 유유히 교문 밖으로 걸어 나와 전주로 향했다. 다음 날 경찰은 전화 도청을 통해 이리시(지금 익산시)로 가는 것을 알고 있었고, 다방에서 체포되어 서대문경찰서로 압송되었다. 이미 대부분의 조사는 완료된 상태였다. "마지막으로 할 말이 있으면 쓰라"는 형사의 요구에 "내 주는 강한 성이요 방패와 병기되시니… 내 친척, 내 재물, 내 명예, 내 생

1984년 사진 앞줄에서 맨 오른쪽 김거성,
그 옆 함석헌 선생, 맨 왼쪽 김재준 목사

명 다 빼앗긴대도 진리는 살아서 그 나라 영원하리라." 종교개혁가
마르틴 루터가 지은 찬송가 가사를 적었다. 형사에게서 쌍욕과 함께
뺨을 두들겨 맞았어도 오히려 속은 후련했다.

검찰청에 가서는 검사와 논쟁했다. "대통령긴급조치 제9호라는
실정법을 어긴 것은 맞지 않느냐?"는 검사 앞에서 '하나님이 주신 인
권과 자연법'을 들먹이니 황 검사는 씩씩거리며 신고 있던 슬리퍼를
벗어 뺨과 머리를 내리쳤다.

1978년 서대문구치소에서 '3.1절 옥중 선언문'을 돌려보면서 영
어사전 불규칙동사표 끝나는 공간에 그 내용을 적어두었다. 그런데
교도관들이 들이닥쳐 방을 검사하는데, 꼭 집어 그곳을 펼치더니 영
어사전을 압수해갔다. 나중에 알게 되었지만, 소년수 방에 어른 재소
자 한 명을 내 감시자로 붙여두었던 까닭이었다. 바로 앞방의 동기 공
유상 등과 함께 "유신헌법 철폐하라, 긴급조치 해제하라" 등 구호를
외쳤다. '도서 열독 금지'라는 징벌을 받고 다른 재소자들이 보이지 않

도록 앞쪽에는 복도가 있고, 옆 두 방씩은 비워둔 곳으로 옮겨졌다. 읽을 책을 빼앗긴다는 것이 얼마나 큰 고통인지 새삼스럽게 체험할 수 있었다.

수화를 배워 벽에 붙어 있던 국민교육헌장을 하루에도 몇 차례씩 연습했다. 또 그때까지 엑스자 형태로 습관이 붙었던 젓가락질을 교정할 수 있었다. 콩밥에 물을 말아 150개 내외에 달하는 콩을 하나씩 젓가락으로 세면서 집어 먹었기에 가능했다. 두 달 지나 도서열독금지가 해제되었으니 우선 책 한 권을 가져가란다. 공동번역 성서를 택했다. 방으로 돌아와서 무심코 성서를 펼치다 보니 이런 구절이 눈에 들어왔다. 그 감동이란….

> 억울하게 고통을 당하더라도 하느님이 계신 것을 생각하며 괴로움을 참으면 그것은 아름다운 일입니다. 죄를 짓고 매를 맞으면서 참으면 영예스러운 것이 무엇입니까? 그러나 선을 행하다가 고통을 당하면서도 참으면 하느님의 축복을 받습니다. 여러분은 바로 그렇게 살아가라고 부르심을 받은 사람들입니다. 그리스도께서도 여러분을 위해서 고난을 받으심으로써 당신의 발자취를 따르라고 본보기를 남겨주셨습니다(벧전 2:19-21).

결국 징역 1년 6개월이 대법원에서 확정되어 형기를 마쳤다. 그런데 1979년 5월 안양교도소에서 만기출소를 하는 날 곧바로 교도소 차로 영등포교도소에 끌려가 다시 수감되어 두 번째로 감옥살이하게 되었다. 수번 1번이었다. 1979년 여름 지미 카터 미국 대통령이 방한

해서 정치범들을 풀어주게 되었는데, 형기가 더 길었던 노영민은 원래의 형기가 끝나지 않아 기결수 신분이어서 7월 17일 제헌절 특사로 풀려났지만, 나는 추가 건의 재판이 확정된 다음에야 광복절 특사로 출소할 수 있었다.

2년 가까운 수형생활을 통해 "내게 신앙이란 무엇인가?" 하는 질문에 답할 수 있게 되었다. 신앙은 하나님 앞에서 이웃과 더불어 살아가는 삶의 자세로 나타나야 한다. 이런 깨달음의 기회는 아이러니하게도 독재자 박정희를 통해서 하나님께서 내게 주신 선물이 아니던가?

지난 2014년 5월 두 사건 모두 재심을 통해 무죄가 나왔는데, 재판장은 선고하면서 "피고인들은 무죄, 우리나라 사법부는 유죄"라고 덧붙였다. 법정을 나와 지하철역에서 어머니에게 전화를 걸어 "긴급조치 사건 무죄 선고받았습니다"라고 전하는데 목이 꽉 막히고 눈물이 펑펑 쏟아졌다.

나의 평화 만들기

컴퓨터(1989)

1989년 구민교회 개척 초기에는 펜으로 쓴 주보를 복사해서 사용했다. 조금 지나 전교조 지회에 워드 프로세서가 들어와 이를 빌려 쓰곤 했다. 얼마 지나서 연세민주동문회에서 활동하던 후배가 갑일컴퓨터 대리점을 차렸다. "선배님도 컴퓨터 필요하시지요?", "있으면 좋겠지만…." 돈은 되는대로 내시라는 말에 용기를 내어 결국 AT(286) 컴퓨터를 한 대 구입했다. 5.25인치 플로피디스크 두 개를 달지 아니면 20MB 하드디스크를 달지, MFM 방식인지 AT-BUS 방식인지를 물어왔다. 하나도 모르는 말들이어서 후배가 추천하는 대로 20MB AT-BUS 하드디스크가 달린 컴퓨터를 들여놓았다. 당시 그리스도신대에 시간 강사로 출강하면서 생기는 수입은 곧바로 외상값을 갚아야 했기에 차비조차도 부담이 되는 형편이었다.

먼저 컴퓨터 본체에 손이 닿으면 감전된 것처럼 찌릿하는 문제가 생겼다. 매장으로 가져오라고 해서 가보니 케이스에 문제가 있는 것 같으니 교체해 준단다. 교체하는 과정을 보니 너무 간단해서 불량으로 폐기하겠다는 케이스를 얻어 집으로 왔다. 그리고 조립을 시작했다. 어렸을 때 사진을 보기 위해 카메라에서 필름을 꺼내어 고모의 대학 졸업식 사진을 다 날린 적도 있는 내게 PC 조립은 식은 죽 먹기와 같았다. 며칠도 안 돼서 시스템을 이해하고 직접 조립도 할 수 있게 되었다.

다음으로 컴퓨터가 바이러스에 걸리기 시작했다. 후배가 복사해 준 V2 Plus 파일로도 해결되지 않았다. 모뎀을 통해 최신 버전을 내려받아 치료하라고 한다. 소프트웨어와 컴퓨터 통신에 발을 들여놓게 됐다.

주변 사람들에게 컴퓨터를 조립해 주다가 벗 강성구와 함께 을지로에 다른 후배 사무실 한편을 빌려 '넥스테크'라는 컴퓨터 조립 회사를 차려 한동안 운영하였다. IBM 회사의 DOS 교재를 집필하였고, 지방 여러 곳을 돌며 사용자 교육도 맡았다. 1995년에는 기독교 관련

질 좋은 콘텐츠의 생산, 유통을 목표로 한국기독교컴퓨터센터를 만들어 정부의 지원 공모사업에 제안서를 냈지만 탈락해서 1998년 말까지 그냥 컴퓨터 대리점으로 운영하였다. 노트북 판매 실적 상위에 올라 상품으로 에어컨을 받은 적도 있고, 연간 천만 원 단위의 종합소득세를 내기도 하였다.

1999년 교회 개척 이후에는 '평화 만들기'라는 BBS(사설 전자게시판, Bulletin Board System)를 운영하여 나중에는 수천 명의 사용자를 확보하였다. 그 바탕으로 포털 서비스를 시작해 보라는 주변의 조언도 있었지만, 당시 내게는 그 분야에 대한 개념이 없어서 시도하지 못했다.

하이트맥주(1994)

1987년 6월항쟁, 고 이한열 열사의 죽음으로 연세민주동문회와 고이한열열사추모사업회가 창립되었다. 추모사업회 사무국장으로 처음 활동한 것이 대우 옥포조선소의 고 이석규 열사 장례식 참석이었다. 1987년 말에 교회 부목사직을 사임하였고, 1988년에는 문익환 의장을 모시고 민주통일민중운동연합 사회국장으로 활동할 기회가 있었다. 특히 전국 각지에서 계속되는 분신 등으로 장례 현장에도 다녀야 했다. 그 이후에 전국민주화운동유가족협의회 후원회에도 참여하였다.

1989년 구민교회 창립하고 얼마 지나지 않아 안양교도소에 계신 목사님을 찾아뵈었다. 교회 교인들은 얼마나 모이냐고 물으셔서 40

1993년 봄 문익환 목사의 구민교회 설교

명 정도라고 자랑스러운 마음으로 말씀드렸다. 하지만 문 목사님은
기뻐하시는 대신 "교회 크면 일 못 해"라고 단박에 꾸지람하였다.

1994년 컴퓨터 장사를 하고 있을 때 문익환 목사님으로부터 호출
이 왔다. 목요일 찾아뵈니 통일 관련 단체를 만들어 활동하려는데 함께
하자는 제안이었다. "컴퓨터는 내 사위 같은 사람들에게 맡기면 되지
않는가, 통일은 준비해서 아름다운 통일로 만들어야 하는 것"이라고
강조하셨다. "아니오"라고 답할 수 없어서 대신 "하루만 생각해 보겠
습니다"라고 말씀드리고, 함께 해왔던 후배 박래군(현 4.16재단 상임이
사)에게 그 제안을 돌렸다. 그런데 그도 자신은 인권 운동을 하려고 한
다며 하루만 생각해 보겠다고 답해왔다. 내가 목사님께 드린 답변이
었지만 다음 날까지 답을 듣지 못해서 결국 나도 답을 드리지 못하고
주말을 넘기게 되었는데, 다음 주 화요일 청천벽력과 같은 소식을 듣
게 되었다. 문 목사님이 돌아가셨고, 결국 '통일맞이'는 목사님이 내게
남기신 유언이 된 셈이다. 장례를 마친 후 8월 실제로 통일맞이칠천만

겨레모임을 창립하고 초대 사무총장을 맡게 되었다.

첫 사업으로 통일 기행을 기획했다. 강화도부터 고성 건봉사까지 2박 3일 일정으로 버스 두 대를 타고 가는 프로그램이었다. 필요한 재정 조달을 위해 후원을 조직해야 하는데, 하이트맥주가 연결이 되었다. 100만 원 후원금과 캔맥주 수십 박스를 보내왔다. 그런데 문제가 생겼다. 연결해 주었던 분에 따르면 국가안전기획부(안기부)에서 이를 알고 거기가 어딘 줄 알고 후원하느냐고 닦달하기 시작했다는 것이다. 그래서 그 회사 직원에게 "미안합니다. 후원금은 돌려줄테니 맥주만 남겨두는 것이 어떻겠습니까?" 물었더니 그는 "그냥 두셔요. 우리 회사는 젊은이들에게 어필해야 사업을 하는데 말입니다"라며 오히려 씩씩하게 답한다. 그 이후로 지금까지 내가 맥주를 고를 수 있을 때는 꼭 그 맥주를 선택해왔다.

바르게, 열심히, 멋지게

'예'와 '아니오'(2001)

2001년 가을이었다. 1986년생으로 구리에서 중학 3학년생이던 첫째 딸이 뒤늦게 고교 입시를 준비하고 있었다. 구의역 근처 학원에서 저녁 늦게까지 강의를 듣고 자정 넘어서 마치는데, 대다수 학생은 학원 버스를 타고 집으로 돌아가지만, 구리에서 다니는 학생은 단 한

명이어서 학원이 끝나면 아빠가 직접 데리러와야 했다.

그날은 이른 저녁에 모임이 있어서 맥주를 딱 한 잔 마시고 집에 돌아와 한잠 잔 후 자정이 다 될 무렵 차를 몰고 딸을 데리러 나갔다. 구리에서 광나루 쪽으로 가다 보면 아차산 검문소가 나오는데, 늦은 밤에는 음주단속은 아니고 보안상의 이유로 2차선 도로 중 1차선을 막아 놓고 있었다. 나는 깜빡이를 켜고 달리던 1차선에서 2차선으로 들어서려고 하는데 뒤따라오던 승용차가 양보하지 않고 그냥 밀고 들어와서 깜짝 놀랐다. 그 차에 뒤이어 검문소를 통과하려는데 의경이 묻는다. "혹시 술 드셨어요?"

그 상황에서 뭐라고 대답해야 할까? 가볍게 맥주 한잔한 것이고 이미 대여섯 시간 지났는데, 그냥 '아니오'라고 했으면 지나갈 일을 '예'라고 대답했다. 의경은 "예라고 하시면 제가 어떡합니까?"라며 '예'라는 대답은 처음 들어본다고 난감해하였다. 결국 차에서 내려 검문소로 들어가서 음주단속기를 내밀어 불었지만, 이상 신호가 없다. 초저녁에 맥주 한 컵 마신 것뿐이고 시간도 많이 지나서 안 나오는 것이라고 설명을 했지만, 이 기계가 오래된 것이라 성능에 문제가 있을 수 있다며 다른 근무자가 외부에 가지고 나간 다른 기계로 다시 한번 확인해야 한다고 기다리시라고 한다. 딸이 학원 마치고 나올 시간이라 급하다고 말해도 바로 올 테니 잠시만 계시라고, 그렇게 거의 한 시간 가까이 기다리다가 결국은 다음 근무자와 교대하고 순찰차에 태워져 구리의 한 파출소로 가서 그곳의 음주단속기에 다시 숨을 불어 넣었다. "'0.000' 나왔습니다."

요즘처럼 휴대전화기를 가지고 다니지 않았던 시대였기에 그 사이에 딸은 아빠를 기다리다가 만나지 못하고 집으로 전화를 걸어 내가 음주단속에 걸렸다는 소식을 들었다. 아빠가 자기 때문에 감옥에 가게 되었다며 펑펑 울었고, 결국 학원 선생님이 자가용으로 구리까지 태워다 주었다고 한다. 고지식한 아빠와 규정대로 근무한 의경 덕분이었다.

지금도 내 카카오톡의 상태 메시지에는 "'예'할 것은 '예'하고, '아니오' 할 것은 '아니오' 하라"는 말씀이 뜬다.

1980년대 중반에 전학석 목사님의 제안으로 장공 김재준 목사님과 동행하여 통일전망대, 척산온천, 설악산 등 동해안 일대를 다녀온 적이 있었다. 나중에 일행들에게 휘호를 써서 보내주셔서 고맙다며 다시 우이동 장공 댁을 찾아 감사드린 후 일어서려는 일행을 두고 아내가 목사님께 물었다.

"일생에 가장 중요한 가르침으로 삼아야 할 말씀은 무엇인가요?"

순간의 망설임도 없이 장공은 태연한 목소리로 답했다.

"Yes할 때 Yes하고 No할 때 No해야지."

그전까지는 그냥 평범하게 성서 속에 예수님의 말씀 가운데 하나였는데, 이때로부터 내 일생의 가장 무거운(?) 짐이 되었다.

골드바(2016)

지난 2019년 여론을 달구었던 사립유치원 비리, 한유총 등의 토픽과 관련하여 회자되었던 골드바 관련 이야기다.

경기도교육청 감사관으로 근무하면서 2016년 5월 1일이 구민교회 담임목사 취임식을 하게 되었다. 그 전날 오전 휴대폰으로 택배 배달을 왔다는 전화를 받아 다른 교회들에서 통상적으로 보내오는 취임식 축하 화분으로 생각하고 기존 화분을 받은 것과 같이 교회 문 앞에 두고 가라고 답변하였으나, 택배기사는 "비싼 거라 직접 전달해 드려야 한다"고 하여 내용물이 무엇인지 물었고, '골드바'라는 답변을 들었다.

보낸 사람의 전화번호를 확인해 찾아보니 아는 사람이 아니어서 누구인지도 모르는 사람으로부터 발송된 골드바 택배를 수령할 수 없다고 거부하여 돌려보냈다. 이를 보낸 사람이 사립유치원 서너 개를 가진 설립자라는 것을 나중에 알게 되었다.

그 사람이 2019년 3월 21일 의정부지검에서 구속되었다고 한다. 골드바가 아니고 취임 기념패였을 뿐이라고 하는데, 보도에 따르면 시가 2백만 원에 달하는 금 한 냥이 포함되어 있었다고 한다. 일생에 가장 비싼 선물을 받을 뻔한 셈이 되었다.

수박 한 통으로 백 명 원아들을 먹였다거나 찐 감자를 간식으로 주었다는데 알고 보니 그 찐 감자라는 게 고작 감자칩 두 개였던 경우도 있었다. 유치원 교직원 회식비로 52만 원을 지출했다고 신용카드 영수증이 첨부되어 있었는데, 그 상호를 검색해보니 그곳은 '연예인 피부 만들기', '아이처럼 뽀송뽀송한 피부'를 홍보하는 뷰티샵이었다. "원아들은 누가 챙겨줄 것인가?" 이 질문이 감사관으로 사립유치원 감사를 추진했던 근본적인 출발점이었다.

2019년 3월 경향신문 단독보도에 따르면 한유총 원장들의 카톡 방, 이른바 3,000톡에서도 내 이름이 비방의 대상으로 언급되었다고 한다. "3,000톡에서는 감사를 아예 무산시키려는 시도도 수시로 논의된 것으로 보인다. 2017년 11월 한 회원은 '12월에 경기도교육청 인사행정이 있다. ○○○ 감사관 댓글 신랄하게 달아달라'고 썼다. 해당 감사관은 실제 사립유치원 감사에 투입돼 여러 차례 현장에 나갔던 공무원이었다. 감사를 주도해 한유총 내부에서 '주적'으로 불린 김거성 당시 감사관(국장)에 대한 비방도 수시로 3,000톡에 등장했다."* 또 지난해 6월 한 회원은 3,000톡에 "김거성이라는 감사관이 사립을 초토화시킬 때 몇몇 원장이 힘을 모아 ○○언론사를 만들었다"고 소개하기도 했다. 실제로 그 언론사는 나와 그 사무관, 시민감사관 등을 비방하는 기사를 십여 차례 내보냈다.

감사 초창기에는 여러 정치인 등이 감사관이던 내게 연락을 해와 사립유치원과의 특별한 인연을 언급하며 "신경을 써달라"고 부탁하곤 했다. "시민감사관은 빼고, 공무원들만 보내면 안 되겠냐?", "꼭 그 기간에 감사에 나가야 하느냐?" 등이었다. 또 사무실로도 그 사무관을 찾는 압력과 협박성 전화가 많이 걸려 온다는 보고를 받았다. 나는 그에게 전화를 직접 응대하지 말고 내 휴대폰 번호를 알려주도록 부탁

---

* https://news.v.daum.net/v/20190316060134341.

했다. 대신 "김거성 감사관은 휴대전화 통화를 다 녹음한다"는 말을 주위에 퍼뜨렸다. 그러자 외부로부터 걸려 오는 청탁성 전화가 거의 사라졌다.

민경선 경기도 도의원이 2019년 초에 페이스북에 이렇게 올렸다. "그 중심에는 지금은 다른 일을 하고 계신 '소신과 원칙의 아이콘' 김거성 감사관님이 있었기에 가능했고, 사립유치원으로부터 고발까지 받으면서도 소신을 굽히지 않고 감사했던 오종민 팀장님을 비롯한 공무원들이 있었기 때문에 사립유치원 개혁의 불씨가 되었습니다."[*]

이 페이스북 메시지를 공유하면서 나는 이렇게 적었다. "고맙습니다. 많은 열정적인 공무원, 시민감사관 덕분이지요. 그리고 민경선 의원님의 정의로운 의정활동 또한 큰 버팀목이 되었습니다. 이제 국민이 힘을 모아 바꾸어 낼 것입니다." 부족하고 잘못된 것은 내 탓이지만, 잘한 일은 오롯이 그분들 덕분이다.

송죽원(2016)

2013년 봄 사회복지법인 관련하여 관선이사 후보를 물색하고 있다는데 지원해 보라고 연락이 왔다. 2배수에 추천이 되었는데 법인 이사회에서는 강직한 성격으로 알려진 감사 담당관 대신 목사인 나를 선임했다. 이사회에 가보니 그동안 여러 가지 비리 등으로 말미암아 법인이 내홍을 겪는 중이었다. 결국 민사 소송을 거쳐 2015년 말부

---

[*] https://www.facebook.com/minksun71/posts/2153790828022873.

터는 대표이사로 실질적인 법인 책임을 맡게 되었다.

법인이 정상화되었다는 소식에 그동안 아동들을 보내지 않았던 서울시에서 그해 가을 영아 12명을 보내왔다. 4명의 직원이 2명씩 48시간 맞교대를 하던 때였으니 1명이 아기 6명을 봐야 하는 셈이었다.

즐거운 오늘을 위하여,
첫째, 아동들이 깊은 믿음으로 서로 도우며 자존감 높은 삶을 살아가도록 하겠습니다.
둘째, 아동양육시설과 지역아동복지센터 등의 시설환경을 개선하겠습니다.
셋째, 직원들의 근무환경을 개선하고 복리후생을 강화하겠습니다.
넷째, 후원자와 봉사자, 지역사회와 소통하여 참여 범위를 확대하겠습니다.
보람찬 내일을 위하여,
다섯째, 투명성, 책임성, 청렴성에서 사회복지 분야의 역할모델이 되는 법인과 소속기관을 만들겠습니다.
여섯째, 아동들의 개인별 진로 상담과 지도에 힘쓰겠습니다.
일곱째, 직원들의 자기 계발과 역량 강화를 위해 지원하겠습니다.
여덟째, 졸업생을 포함한 모든 송죽 식구들이 믿음 안에서 섬기는 리더십을 갖추도록 돕겠습니다.

아내는 아침마다 일어나 아기들을 생각하며 울더니 결국은 송죽원의 영아들 방에서 일주일에 며칠씩 머무르며 아기들을 돌보는 자원봉사자가 되었다. 물론 식사는 사 먹으면서 말이다.

그리고 송죽원 설립 70주년을 맞이한 2016년에는 송죽원의 이사, 직원, 졸업생, 아동 대표, 학부모 등이 참석하여 워크숍을 갖고 30년 후 송죽원의 모습을 함께 그려 보았다. 무엇을 어떻게 바꾸어 낼 것인지 머리를 맞대고 지혜를 모았다. 비록 우리의 어제는 바꿀 수 없을지라도 오늘을 더불어 기쁘게 살고, 보람찬 내일을 힘차게 열어가는 것

송죽원 아이들의 낙엽 편지

은 가능한 일이요 또 마땅히 우리가 추구해야 할 과제임을 확인했다. 그 결과로 송죽원 설립 100년을 향하여 아래의 "즐거운 오늘, 보람찬 내일"이란 비전을 수립하고 70주년 기념식에서 이를 선포하였다.

지난 몇 년 이들과 함께하는 시간은 생명을 돌보는 일이 얼마나 힘들고 중요한지 새삼스럽게 느끼는 과정이었다.

구민교회 교우들, 함께 활동했던 이들, 연대 76학번 동기들, 기독학생회와 민주동문회 후배들, 많은 후원자가 왼손도 모르게 후원을 아끼지 않고 있다. 또 어려운 여건 속에서 권명심 전 원장, 신영례 원장을 비롯한 많은 직원이 헌신하며 봉사하고 있다. 정말 감사한 일이 아닐 수 없다.

제주도, 치악산, 구리, 양수리, 캄보디아, 남도 기행, 송죽원 식구들과 함께했던 시간들이 이들의 삶에 자존감을 불어넣고 '하나님께서 정말 나를 사랑하시는구나', '열심히, 멋지게 살아야지'하는 다짐으로 이어지기를 기대하고 있다.

1부

평화 심어 정의를

개와 의형제 맺기?

❦

제 부모님이 올해 봄부터 경기도 광주군 도척면 진우리에서 묘목을 재배하는 일을 시작하셨습니다.

그런 육체적 노동이 꼭 필요한 것인지 또 그래도 되는 것인지 의문도 있습니다. 그렇지만 하고 싶은 일을 하시도록 하는 것도 자식된 도리라는 마음으로 그렇게 사시는 모습을 존중하죠.

언덕바지에 있는 비닐하우스를 이용한 묘목장에는 묘목을 접붙여 재배하는 일뿐만 아니라 그곳에 오르내리는 일만 하더라도 노인 분들에게는 꽤 힘든 일일 것입니다.

그 근처에 있는 땅의 주인분이 두 마리의 진돗개를 키우고 있습니다. 키운다는 말보다는 함께 살고 있다고 하는 편이 정확하겠네요. 그 개들 나이가 이제 열네 살이라니 우리 사람으로 치면 아마 칠팔십? 제 부모님 연세쯤 될 듯합니다.

그렇지만 진돗개의 총기는 아직도 그대로여서 찻길 건너편에 있는 주인의 집 쪽으로는 절대로 건너가는 법이 없습니다. 왕복 한 차선씩이긴 하지만 차들이 워낙 번잡하게 오가는 길이기 때문에 그 길을

개와 그 지팡이(왼쪽) 개 두 마리(오른쪽)

건너다녔다가는 지금까지 살아있을 수도 없었을 테니까요. 또 주인과 함께 온 주인의 손님들에 대해서는 철저하게 식구로 대접합니다. 심지어 주인의 손님의 손님도 그 개들에게는 언제 가더라도 식구로 반길 대상입니다.

허리가 꾸부정한 노인들이 그 언덕을 힘들게 오르내리는 모습이 그 개들 보기에 안타까웠던 모양입니다. 하루는 그중 한 마리가 1미터 남짓한 나무 막대기를 물어 제 어머님 앞에 가져왔습니다. 그 막대기를 받은 어머님은 이걸 지팡이 삼아 짚고 다니기 시작했습니다.

그 진돗개는 그 모습을 보면서 좋아라 꼬리를 치며 그 주위를 뛰어다녔습니다. 아마도 '내 생각을 읽어줘서 고맙습니다'라는 뜻이 아니었을까요?

나중에 어머님으로부터 이 이야기를 들은 저는 그 진돗개가 그토록 사랑스럽게 느껴졌습니다. '네가 아들보다 낫구나…' 솔직히 그런 생각도 들었습니다. 아니, 의형제라도 맺고 싶은 생각이 굴뚝같았습니다.

사람 노릇 못하는 거죽만 사람인 경우가 얼마나 많습니까? 이 진돗개는 그런 사람들과는 비교하지 말아야겠지요? 진정한 배려와 사랑의 깊이가 정말 '사람다운 개'라 하겠죠?

더 이상 '개 같은 X'이란 말은 쓰지 않겠다 다짐합니다. 아니 '개만도 못한 XX'라는 말조차도 오히려 개에 대한 모욕이 아닐까 생각합니다.

의형제를 맺을 수는 없지만 배려와 사랑을 그 개에게서 배웁니다.

「경기북도일보」 2010. 07. 29자

동요 〈자전거〉와 우리나라 교통 문화

꙾

최근 보도에 따르면 보행자 교통사고 사망자 수가 인구 10만 명당 4.61명으로 경제개발협력기구(OECD) 회원국들 가운데 가장 많은 것으로 나타났다고 한다. 또한 교통사고로 말미암아 사람이 사망한 사건들의 4분의 3은 폭 13m를 넘지 않는 주거지역 생활도로에서 발생했다는 것이다. 이런 안타까운 실정을 어떻게 타개할 수 있을까? 보행자들의 인사사고 세계 제일이라는 교통 문화 후진국의 오명을 벗어버리고 과연 선진 교통 문화의 모범국으로 바꾸어 나가려면 무엇이 필요한가?

여러 가지 대답들이 나올 수 있다. 운전자들은 먼저 보행자들 쪽에서 무단횡단이나 차도 보행 등의 사고 유발 요인이 되는 일들을 하지 말아야 한다고 요구하지 않을까? 많은 교통 분야 전문가는 아마도 교통 관련 시설들, 도로나 횡단보도, 철책, 경계석, 표지 등을 먼저 머릿속에 떠올릴 것이다. 또한 법률 전문가들이라면 사고 유발자에 대한 더욱 강력한 처벌 또는 보행자 보호를 더 확대하기 위한 법률과 제도적 장치들을 강화하는 방안을 마음에 그려 볼 것이다.

법률이나 시설들과 관련하여 생각해 보면 부족한 면이 있을지는 몰라도 지금 보행자들을 보호하기 위한 법률이나 교통시설물들이 없는 것은 아니다. 그런 법률이나 제도의 정비도 필요하고 시설물을 더 강화하는 것도 고려할 일이겠으나 무엇보다도 운전자들의 머릿속에 있는 고정관념을 바꾸지 않는다면 그런 것들이 제대로 보행자 교통사고의 대폭 감소로 이어지기는 힘들지 않을까 생각한다. 특히 법규의 정비나 강화는 옥상옥, 무용지물로 바뀌고 말 가능성이 매우 높다. 지금도 우리 교통법규에는 보행자 우선 원칙이 있지만, 이는 운전면허를 따고 나면 금세 잊어버리고 만다. 오히려 횡단보도에서도 차량이 우선이고 보행자는 눈치를 봐야 하는 입장이다.

이제 교통선진국이 되기 위해서는 철저한 보행자 우선의 원칙이 모든 운전자의 머릿속에 각인되어 있어야 하며 나아가 현장에서 운전할 때 그대로 실천하지 않으면 안 된다.

"따르릉 따르릉 비켜 나세요 / 자전거가 나갑니다 따르르르릉 / 저기 가는 저 노인 꼬부랑 노인 / 우물쭈물하다가는 큰일 납니다."

어릴 적에 흥얼거리던 〈자전거〉라는 동요의 가사다. 그런데 "꼬부랑 노인…" 부분의 노인 비하가 문제되었는지 요즘은 "저기 가는 저 사람 조심하세요"라고 바꾸어 부르고 있다. 하지만 여전히 이 동요 가사에는 문제가 있다. "비켜나"라고? 왜 사람이 알아서 피해야 하는가? 더구나 "우물쭈물하다가는 큰일"날 것이라는 충돌사고를 암시하는

'협박'까지 들어야 하는가?

어릴 때 이런 노래를 부르며 자란 사람들에게 성인이 된 다음 갑자기 '보행자 우선' 원칙을 들이민다고 해서 그것이 제대로 작동할 수 있을까? 법률이나 시설물을 탓하기 전에 먼저 이런 노랫말을 정비할 일이다. 그리고 보행자가 조심하기를 요구하기 전에 운전자 자신이 자신과 같은 '사람'을 존중하며 운전하는 마음 속 인권 의식을 드높일 일이다.

2009. 09. 12.
https://blog.daum.net/peacebbs/14097842

진실 규명과 부패 극복 없이 안전 사회 없다

〰️✽〰️

"대법관에게도 청탁이 들어오는가요?"

어떤 시민단체 간부가 짓궂은 질문을 던졌다.

"'청탁'은 없지요. 그냥 기록 좀 꼼꼼히 검토해 달라고 합니다."

대법관을 지낸 분이 법조계의 청탁 관행을 에둘러 지적한 것이리라. 그런데 이런 행위가 시행을 앞둔 청탁금지법의 통제 대상인 '불법 청탁'에 해당된다고 보기도 어렵다.

부패는 진화한다. 부패는 꼭 불법적인 것은 아니다. 시간을 두고 간접적으로 이권과 권력 남용을 주고받는 이른바 '전관예우'란 이름의 내용적 부패가 우리 사회에 실재한다. 최근 드러난 부장판사나 검사장 출신 변호사 등에게 법조 로비를 기대하고 100억 원대의 거액을 건넸다는 사건도 다들 부패 혐의로 수사해야 마땅하다고 생각하지만 실제로는 자잘한 변호사법 위반이나 탈세 혐의만 받고 있다고 한다.

법조비리를 넘어 원피아, 해피아, 방피아, 이제 메피아까지 전관예우의 일각이 드러나고 있다. 사실 직접 뇌물을 주고받는 일차원적 부패보다는 이처럼 법망을 교묘하게 피하는 고차원의 지능적인 부패가 훨씬 더 규모도 크고 심각한 폐해를 끼친다.

국민 대다수의 행복 대신 특정 소수집단의 이익을 추구하는 이른바 권력을 남용한 '정책포획'이나 '국가포획'(state capture) 현상도 합법의 탈을 썼을 테지만 본질로는 부패임이 분명하다. 한국투명성기구로부터 2012년 투명사회상을 받은 영화 〈맥코리아〉에는 정책포획의 사례들 가운데 하나로 서울시 출신 간부들과 서울지하철 9호선에 얽힌 이야기가 등장한다. 2013년 같은 상을 받은 한국방송(KBS) "파노라마 그들만의 리그, 부패 네트워크" 또한 핵발전, 금융, 세무, 법조 등 영역에서 통제 기관과 그 통제 대상을 오가는 회전문 인사 등의 '시간차 부패'의 단면을 잘 보여주었다.

국제투명성기구의 부패인식지수에서 우리나라는 2008년 5.6점(10점 만점)에서 2015년 56점(100점 만점)으로 그대로 머물러 있다. 말단의 작은 부패를 탓할 일이 아니다. 윗물이 맑아야 아랫물이 맑다는 말은 이제 옛날이야기일 뿐이고, 우리 사회에서 아래는 맑아지고 있으나 위는 더 탁해지는 이중성이 도드라지고 있다. 그 까닭은 바로 합법으로 포장된 내용적 부패가 창궐하는 데서 찾아야 한다.

세월호 침몰 당시 구조 전문 함정 '통영함'을 무용지물로 만든 까닭은 1970년대 건조된 평택함 수준에 불과한 2억 원 상당의 음파탐지기를 무려 41억 원에 사들인 방산 비리였다고 한다. 그렇지만 군 내부의 비리를 제보한 진정한 군인들은 철저하게 보복당하지 않았던가? 오히려 이런 비리를 '생계형'이라 감싸는 일까지도 있었다. 그 와중에 총알에 뚫리는 방탄조끼까지 등장했다고 한다. 오죽하면 이제 방산 비리는 이적죄로 최고 사형까지 처해야 한다는 주장이 설득력을 얻고 있겠는가?

무리한 민간 위탁과 외주화 추구 그리고 기득권의 유지 강화라는 비리 구조 언저리에서 초인적 업무로 고통받던 한 젊은 생명이 스러져 간 것이 스크린 도어 참변이다. 2004년 12월부터 무려 24년 넘게 스크린 도어와 관련한 독점적 시설운영권을 누리고 있는 다른 업체는 사업자 모집공고 불과 5개월 전인 2003년 10월 설립되지 않았는가?

'존엄과 안전에 관한 4.16 인권선언'의 지적처럼 이웃들의 안전과 생명의 존엄성을 무시하고 자신들의 탐욕만 앞세운 결과가 바로 세월호 참사, 스크린 도어 참변으로 이어진다. 세월호특별법의 개정으로 진상을 규명하는 일과 아울러, 진화하는 지능적 부패를 포함한 온갖 형태의 내용적인 부패를 제대로 통제하는 일이야말로 이러한 참극의 재발 방지를 위해 필수적이다. 진실 규명과 부패 극복 없이 안전 사회는 없다.

「한겨레신문」 2016. 06. 13자

청년이 서야 청렴이 온다

꙳ ⚛ ꙳

지난 10년의 세월 동안 대한민국의 청렴도는 세계 50위 수준에서 벗어나지 못하고 있어 우리를 안타깝게 한다. 국제투명성기구의 부패인식지수(CPI)에서 우리나라는 2008년 56점(100점 기준으로 환산)으로 40위를 차지했는데, 이 점수를 좀처럼 넘어서기가 힘든 형편이다. 2017년 부패인식지수에서는 54점, 세계 51위로 옆걸음질을 거듭하고 있다. 과연 우리나라를 부패 공화국 아닌 청렴 선진국으로 바꾸는 일은 불가능할까?

처음부터 청렴했던 나라는 없다. 또한 저절로 청렴해진 나라도 없다. 따라서 우리나라를 청렴 선진국 대열에 진입시키는 일도 불가능한 것은 아니다. 다만 사회 각 분야가 종합적인 반부패 노력을 지속으로 기울여 나갈 때라야 우리 사회도 경제개발, 민주주의 실현에 이어 청렴 사회 건설을 자랑할 수 있게 되는 것이다.

청렴한 나라를 위해서는 제대로 적발하고 처벌해서 부패를 리스크가 크게 만든다거나, 법률이나 제도를 손질하여 투명성과 청렴성을 제고하는 일도 물론 중요하다. 하지만 꼭 잊지 말아야 할 것은 부패에

는 어떤 한 두 가지 만병통치약이 없다는 점이다. 우리 사회의 윤리의
식 이른바 '신념 체계'가 바뀌지 않는다면, 결국 사람들은 그러한 제도
나 법 집행 구조에서 빠져나갈 궁리나 하고 있을 것이기 때문이다.

이런 까닭으로 한국투명성기구는 1999년 반부패국민연대로 창립
한 직후부터 "10년 감옥살이를 하게 될지라도, 10억 원을 받게 된다
면 부패를 저지를 수 있다"는 주장에 대해 어떻게 생각하는가 하는 물
음에 대한 청소년 의식조사를 통해 반부패 교육의 중요성을 주장하
고, 아울러 미래 세대 아니 오늘 우리 사회의 주인공인 청소년들의 반
부패 주역으로서의 책임과 참여를 강조해 왔던 것이다.

지난 2016년 국정농단과 치욕적인 부패 현실이 드러나면서 '촛불'
로 상징되는 시민들의 반부패 항쟁에서 청소년들의 참여가 두드러졌
던 것은 주목할 만하다. 하지만 그 '촛불'이 과거의 일회적인 저항으로
머무른다면 우리 사회의 미래는 여전히 암울할 뿐이다. 부패에 대한
불관용을 넘어서서 순전성과 책임성의 생활화, 나아가 청렴 문화의
형성에 이르기까지 젊은이들의 과제는 넓고 깊기 그지없다. 이런 과
제들이 어찌 한두 사람의 노력만으로 가능하겠는가? 그럼에도 불구
하고 한두 사람의 시작이 없이 어찌 그 변화의 계기가 만들어질 수 있
을까?

청년이 서야 청렴이 온다. '청렴 아카데미'는 이를 위해 한국투명성
기구에서 국제투명성기구와 각국 본부들에 지속 제안하고 강조해 온
활동의 하나로, 이를 계기로 삼아 청년들이 반부패의 주인공으로 우
뚝 서서 청렴성과 책임성으로 가득한 새로운 사회를 이끌어 내는 일

2016년 구민교회의 촛불

에 큰 힘이 실리기를 간절히 염원한다. 끝으로 「청렴다방」의 창간을
마음 깊이 축하하며, 발전을 빈다.

2018. 06. 16. 청렴다방 블로그에 게재된 글
https://cafe.naver.com/transparencyyouth/18

발달장애, 국가가 책임져야

얼마 전 개봉한 다큐멘터리 〈학교 가는 길〉에 대한 상영 중지 가처분 신청을 막아달라는 긴급한 탄원 요청이 있었다. 2017년 9월 토론회에서 장애아동 부모들이 무릎을 꿇고 학교설립을 호소했던 서울 강서구 특수학교인 서진학교 개교 과정을 다룬 영화인데, 그 상영 중지 가처분 취소를 위한 탄원서였다. 그 가처분 신청은 취하했고, 대신 개교를 반대하며 토론했던 장면이 모자이크 처리되어 10초 정도 등장하는 부분을 삭제해달라는 가처분 신청을 냈다고 한다.

사회복지사 자격증 취득을 위해 지난해 후반기 사회복지 현장실습을 해야 했다. 그런데 코로나19로 말미암아 실습생을 받아주는 시설이 거의 없어 어려움을 겪다가 겨우 아는 분의 소개로 한 발달장애인 거주시설에서 현장실습을 마칠 수 있었다. 실습 기간 중 짧지만 장애인 본인들이나 또 그곳에 자식을 보낸 부모들의 안타까운 마음을 조금이라도 이해해 보고자 했지만, 실제 가족이 아닌 상황에서 이런 생각은 애초부터 실현될 수 없는 것이었다. 다만 '발달장애국가책임제'의 타당성과 시급한 필요성을 다시 확인할 수 있었던 점이 실습생인 내게는 무엇과도 바꿀 수 없는 가장 큰 성과였다.

히틀러 시대 독일에서는 우생학적인 관점을 내세워 장애인들을 세금을 갉아먹는 존재로 비하하였다. 나치당 월간지 「새 민족」 표지에 "동족 여러분, 이것도 여러분의 돈입니다"라는 제목으로 유전병 환자 사진을 싣고, "그에게 일생 동안 5만 마르크의 돈이 들어갑니다"라며 '반反장애인' 캠페인을 전개했다. 또 유대인들과는 별도로 1939년 9월부터 1945년 전쟁이 끝날 때까지 장애인 약 30만 명을 일산화탄소 가스 등으로 살해했다.

이런 배경에서 제2차 세계대전 직후 다시는 이런 일들이 없도록 '유엔 인권선언'이 제정된 것 아닌가?

그 제1조는 "모든 사람은 태어날 때부터 자유롭고, 존엄하며, 평등하다. 모든 사람은 이성과 양심을 가지고 있으므로 서로에게 형제애의 정신으로 대해야 한다"고 규정하고 있다. '모든' 사람이 형제애의 정신으로 더불어 살아야 한다는 것이다. 이후 2008년 발효된 '장애인의 권리에 관한 협약'에 우리나라도 2009년 비준하여 당사국으로 참여하고 있는데, 그 기본 원칙은 바로 장애인의 천부적인 존엄성 인정에 있다.

최근 국민의 삶을 책임지겠다는 정부의 목표에 문제가 있다는 어이없는 주장이 나왔다. "모든 국민은 인간으로서의 존엄과 가치를 가지며, 행복을 추구할 권리를 가진다. 국가는 개인이 가지는 불가침의 기본적 인권을 확인하고 이를 보장할 의무를 진다"고 규정하고 있는 대한민국 헌법을 몰라서일까? 문제는 그 목표에 있는 것이 아니다. 오히려 실천에 한계가 있음을 고민해야 한다.

치매에 대한 국가책임제가 추진되고 있다. 그런데 발달장애의 경우는 비슷한 어려움을 훨씬 오랫동안 겪고 있다. 그래서 본인은 물론 가족의 삶까지 불행하게 된다. 장애인들과 그 가족들도 더불어 존엄하게 또 행복하게 살 수 있도록 우리 사회를 바꾸어 나가는 길, 그 길목에 '발달장애국가책임제'가 있다.

「경향신문」 2021. 09. 02자

청렴 경찰, 이제는 실현할 때

법집행기관의 청렴성과 공정성, 책무성은 법치의 기본이다. 법집행기관이 부패하거나 치우치고 주어진 책무를 게을리할 때 그 사회의 신뢰는 깨어지고 준법의 요구는 공허한 울림이 되고 만다.

경찰이 지난해 연이은 내부의 부패 사건과 생활 안전 관련 사고로 위기에 처해 있을 때 경찰쇄신위원회가 구성되었다. 그때 제안된 반부패 쇄신 방안에 따라 경찰청 본청과 각 지방청에 시민감찰위원회가 설치되어 활동해 온 지 이제 1년이 된다.

본청 시민감찰위원회는 법조인, 학자, 반부패 전문가, 시민단체 활동가 등으로 구성되어 그동안 총경급 이상 간부들의 부패와 비리 등을 심의해 경찰청장에게 처리 방안을 권고해 왔다. 특히 올해부터 주요 사건에 대해서는 전담 위원을 지정, 사전에 심층 검토하게 함으로써 시민감찰위원회가 통과의례로 전락하지 않도록 노력하고 있다.

이런 노력의 결과로 올 1월부터 부패행위 전력이 있는 사람은 경찰 6,700여 개 주요 보직에 가지 못하도록 차단하는 '원 스트라이크 아웃' 제도를 시행하고 있다. 또한 경찰청은 부정청탁금지법 제정에 앞서 이미 지난 7월부터 '직무와 관련하여 의례적인 금품향응 수수'라는 징계 범위에서 '직무와 관련하여'라는 문구를 삭제함으로써 청렴의무 위반자를 포괄적으로 징계할 수 있게 했으며, 징계양정 기준도 보다 강화하는 동시에 세분화, 구체화했다. 더불어 내부 직원 감싸기 의혹을 받지 않도록 앞으로는 징계위원회의 구성도 외부 위원 중심으로 바꿀 예정이다.

제도적 개선과 함께 경찰관의 청렴 의식을 제고하기 위한 노력도 진행 중이다. 경찰서마다 직원들로 구성된 청렴 동아리를 활성화해 자발적인 청렴 문화 확산에 노력하고 있으며, 직무교육과정 등을 통해 경찰관을 대상으로 하는 공직 윤리의식 교육도 꾸준히 강화하고 있다. 이렇듯 경찰의 청렴도 향상을 위한 자정 노력은 높이 평가할 만하다.

그렇지만 '범죄로부터 안전한 사회와 신뢰받는 경찰 구현' 과제를 향해 아직 갈 길은 멀다. 12만 경찰 구성원 99.9%가 청렴성, 공정성, 민주주의, 인권 등 기본적 가치를 존중하며 복무한다 하더라도 부패와 비리에 가담하고 국민 안전을 제대로 지켜내지 못하는 0.1%가 여전하다면 경찰에 대한 국민의 신뢰와 존경은 요원할 뿐이다. 그런 까닭에 미리 리스크를 찾아내 분류하고 이를 적극적으로 통제, 완화, 예방하기 위한 노력이 필수다.

나아가 내부 구성원들을 잠재적인 비리 행위자로 취급하는 외부 통제 방안에만 기대는 대신에 적극적인 비리 신고와 제안, 청렴 동아리 활동 등 내부적 참여 또한 적극적으로 격려할 필요가 있다. 특히

힘이나 돈 앞에 비굴하게 넘어간 몇몇 간부들이 사회적 지탄의 대상
이 되어 대다수 선량한 직원들까지 도매금으로 넘어가는 일은 이제
더 이상 없어야 한다.

호주의 최근 직업별 청렴도 조사 결과를 보면 경찰이 고등법원 판
사와 주 대법원 판사에 이어 윤리와 정직성 면에서 9위에 올라 있다.
이는 목사, 변호사 등을 다 제친 순위다. 이제는 우리도 호주 뉴사우스
웨일스 주의 경찰청렴위원회(Police Integrity Commission)를 바탕에 둔
청렴 경찰 실현 의지와 노력을 본받아야 한다.

알에서 나오도록 병아리와 어미가 안팎에서 서로 쪼는 것처럼 경
찰이 '민주공화국' 대한민국의 청렴성의 역할모델이 될 수 있도록 안
팎에서의 노력과 지원이 어울려 큰 변화를 이뤄내기를 기대한다.

「국민일보」 2013. 09. 02자

거짓의 종말

침묵하지 않을 의무

얼마 전 『조작된 간첩』*이라는 신간을 받았다. 투명사회협약실천협의회, 한국투명성기구에서 함께 활동했던 저자 김성수 박사가 보내온 것이다. 이 책에는 "침묵하지 않을 의무"라는 부제가 붙어 있다.

서문에서 저자는 1991년 유학 중일 때 영국의 한 장학단체에서 자신이 신청했던 장학금 400만 원의 열 배를 제공하여 깜짝 놀랐다는 이야기를 전한다. 나중에 확인한 바에 따르면 그 기관에서는 당시에 한국에서 많은 젊은이가 분신한다는 뉴스를 접하였고, 이런 일이 더 이상 생기지 않도록 노력해 달라는 마음에서 열 배의 장학금을 지급했다고 한다.

이로 말미암아 저자는 국가폭력으로 억울하게 생명을 잃은 분들에 대해 부채 의식을 가지게 되었고, 노무현 정부 시절 '대통령 소속 의문사진상규명위원회'와 '진실·화해를위한과거사정리위원회'에서

---

* 김성수, 『조작된 간첩들』(느림북, 2021).

활동하며 발간된 보고서 일부를 나중에 요약정리하여 오마이뉴스에 기고했던 글들을 묶어 이번에 책으로 내게 되었다는 이야기이다.

죄를 뒤집어씌우던 자들

이 『조작된 간첩들』에는 양심적 학자, 민주화운동 학생, 재일 동포, 평범한 어부 등의 인권침해 피해자들이 등장한다. 그들을 고문 끝에 간첩으로 조작해 죄를 뒤집어씌워 정권의 위기 또는 선거철마다 이른 바 '북풍용' 소모품으로 썼고, 피해자와 그 가족들의 인생을 철저히 파괴했다.

여기서 중요한 사실은 당시 죄를 뒤집어씌웠던 가해자들은 지금도 국회의원도 하고 변호사도 하면서 떵떵거리며 잘 살고 있는데, 피해자들은 아직도 병든 몸과 맘을 이끌며 간신히 어둠 속에서 연명하고 있다는 점이라고 저자는 고발한다. 그러므로 그는 '침묵하지 않을 의무'를 말하며, "인간사에 정의가 바로잡혀서 강물처럼 흐르지 않으면 결국 불의와 부패가 넘쳐나 온 세상을 지배하기 때문"이라고 언급한다.*

이 책에서 저자는 젊은 경제학자 권재혁, 서울대 법대 최종길 교수, 재일교포 유학생 김정사, 신학자 박재순, 진도 어부 김정인, 농협 직원 박동운, 역사 교사 황보윤식, 미법도 어부 정영, 오징어잡이 어부 윤질규, 소매사업가 오주석, 재일 교포 통역가 김병진, 어부 이상철,

---

* 김성수, 위 책, 15.

공장 노동자 심진구, 대학생 강기훈 등에 대한 국가폭력과 조작 사건들이 나온다.

물론 이 책에 나오는 사건들이 조작한 사건들의 전부는 아니고 극히 일부에 불과하다. 죽산 조봉암이나 이른바 남민전 사건 등도 마찬가지다. 또한 화성연쇄살인 8차 사건의 범인이라고 기소당했던 윤 모 씨도 불법체포와 감금, 가혹행위, 감정서 조작 등으로 20년간 억울한 옥살이를 한 다음에야 재심을 통해 2020년 무죄를 선고받지 않았는가?*

'전략당' 조작 사건

이 책 맨 앞에 '전략당' 사건이 나온다.** 1968년 이 사건의 수사 과정, 아니 '수사를 빙자한 조작' 과정을 보면 중앙정보부는 권재혁이라는 젊은 경제학자 등을 연행하여 최장 "53일간 장기간 불법 구금하고, 고문과 가혹행위 등으로 허위자백을 받아내고, '남조선해방전략당'이라는 반국가단체를 구성·가입했다는 범죄사실을 조작했던 것"*** 이다.

책에는 관련자들이 당한 고문 이야기가 상세하게 기록되어 있지만, 이를 어떻게 차마 옮겨 전하겠는가? 결국 권재혁은 이처럼 가혹한

---

* https://www.khan.co.kr/national/court-law/article/202012172124005.

** 김성수, "조작된 사실로 죽임까지… 배우 권재희 부친의 억울한 사연 [김성수의 한국 현대사] 조작 간첩으로 사형 당한 '젊은 경제학자' 권재혁": https://www.ohmynews.com/ NWS_Web/ iew/at_pg.aspx?CNTN_CD= A0002647126&CMPT_CD=P0001.

*** 김성수, 위 책, 31.

고문 끝에 억울하게 간첩으로 조작되어 1969년 사형을 당하게 되었다. 당시 그의 나이가 44세였고, 1남 2녀를 둔 가장이었다.

이들은 2011년부터 2014년 대법원의 재심을 통해 최종 무죄판결을 받았다. 하지만 권재혁은 이미 사형을 당했으며, 관련자 이강복은 수감 중 옥사했고, 10년 형을 받고 만기 출소한 이형락은 자살, 김병권은 20여 년 옥살이 후 석방되었으나 투병 중 사망하였다.

강기훈 유서대필조작 사건

강기훈 유서대필조작 사건은 내가 그 내막을 상당히 잘 알고 있다. 1991년 4월 26일 당시 전민련 상임집행위원이었던 나는 명지대 강경대 학생이 경찰의 시위 진압 과정에서 집단구타를 당해 숨졌다는 소식을 듣고 범국민대책회의에 참여하여 총무국장의 역할을 맡게 되었다.

당시는 이른바 분신정국이어서 대책회의가 활동하고 있는 동안에도 5월 1일에 안동대 김영균, 5월 3일에 경원대 천세용 학생이 분신 항거, 사망했다는 안타까운 소식이 연거푸 들려왔다. 대책회의 이름으로 내가 조문을 다녀오는 것이 필요하겠다는 결정에 따라 나는 5월 6일 자정 무렵 성남에 그리고 다음 날 낮에 안동에 가서 장례위원회 관계자들을 만나 조의금을 전달하였다.

안동에서 깜짝 놀랄 소식을 들었는데, 김영균 열사가 활동했던 교지편집위원회의 동료들이 김영균 열사의 유서를 대필했다는 혐의로 경찰에서 조사를 받았다는 이야기였다.

　그때 대책회의는 연세대 학생회관 공간을 사용하고 있었는데, 지방을 다녀온 다음 날인 5월 8일 아침 대책회의에 나가보니 전민련 사회부장이던 김기설이 서강대에서 분신했다는 소식이 들려왔다. 며칠 후 서울지검에서 김기설 주변 사람들을 소환하여 유서 대필 혐의로 강기훈을 지목하였고, 결국 조작한 국립과학수사연구소 필적감정을 근거로 그를 구속하였다.

　히틀러 시대에 국민계몽선전장관을 맡았던 괴벨스Paul Joseph Göbbels는 "인민 대중이란 작은 거짓말보다는 더 큰 거짓말에 속는다", "거짓말도 100번 하면 진실이 된다"고 하여 미디어를 통한 대중 선동, 프로파간다propaganda의 대명사처럼 되었다.*

　그런데 당시 조선일보는 5월 5일자 신문에 김지하의 "죽음의 굿판 당장 걷어치워라"라는 기고문을 대문짝만하게 실었고,** 서강대 박홍 총장은 "지금 우리 사회에는 죽음을 선동하는 어둠의 세력이 있다"며 근거 없는 기자회견을 열기도 했다.*** 이런 여론 조작을 배경으로 그들은 결국 없는 일을 만들어 무고한 강기훈에게 그 죄를 뒤집어씌웠다.

　강기훈도 2015년 5월 14일 재심을 통해 대법원에서 무죄판결을 받았지만, 지금 간암으로 투병 중이다.****

---

* https://namu.wiki/w/파울%20요제프%20괴벨스.
** https://www.newsmin.co.kr/news/59224/.
*** 김성수, 앞 책, 248.
**** 강기훈 근황: https://naver.me/GXE7I1oK.

거짓의 종말

지금도 악한 세력은 우리 현실 속에서 무고한 사람들에게 죄를 뒤집어씌우며, 거짓과 불의를 마치 진실과 정의인 것처럼 사람들을 속이려 들고 있다. 마치 앞서 책에 나오는 조작하고 사람들의 인권과 생명을 짓밟았던 자들처럼 말이다. 그리고 사람들 속으로 들어가 그 배후에서 자신의 과거의 죄악, 그것을 덮고 계속 거짓을 선동하도록 한다. 더욱이 지금도 떵떵거리며, 분칠한 자기를 내세워 스스로 큰 인물인 체하며 무엇이 되겠다고 나서려고 한다. 또 그 주변에서 떡고물을 기대하도록 한다.

그러나 분명한 사실은 어둠은 결코 이길 수 없고 거짓이 결코 진실을 덮을 수 없다는 것이다. 거짓의 종말은 파멸이다. 또 파멸이 거짓의 종말이 되게 만들어야 한다.

이 책에 나오는 조작된 간첩 사건들, 강기훈 유서대필조작 사건뿐만 아니다. 최근까지도 죄를 뒤집어씌웠던 일들 또한 거짓을 진실이라고, 진실을 거짓이라고 우겼던 일들이 얼마나 많았는가?

우리 사회와 우리 세계에서 악한 세력에 맞서 이들을 퇴치하고 거짓의 종말을 가져올 사명이 우리에게 주어져 있다. 더 이상 거짓이 득세하여 사람들을 현혹시키지 못하게 하는 것이 우리의 사명이다. 거짓을 밝히고 진실을 드러내는 것이다.

지난한 싸움이겠지만, 선열들이 우리의 동지가 되어 우리와 함께하고 우리에게 최후 승리를 이루어내게 할 것이다.

사랑과 헌신의 다른 이름, 이소선

꾀 ⟨Ỵ⟩ ꙸ

경찰이 쏜 최루탄 파편에 맞아 1987년 7월 5일 숨진 연세대 후배 이한열 열사의 민주국민장을 마치고, 연세민주동문회와 함께 이한열 열사추모사업회를 조직하게 되었다. 나는 추모사업회 초대 사무국장 으로 배은심 어머니를 모시고 합정동 마리스다수도원에서 열린 전국 민주화운동유가족협의회 총회에 참석하였는데, 거기서 이소선 어머 니를 처음 만났다.

1988년 '민주통일민중운동연합', 약칭 민통련에서 사회국장으로 활동하고 있을 때였다. 중랑구 망우동에 소재한 한 택시 회사에서 노 동자가 구사대 역할을 하는 사람에게 맞아 사망했다는 소식을 듣고 현장으로 달려갔다. 그곳에서 상황 설명을 듣고 나서 원래 대책위원회 를 꾸리기 위해 모인 참가자 대다수가 '이번 사안은 노동자들끼리의 노 노 싸움'이라며 그냥 철수하던 때였다. 마지막에는 사안을 처음 알렸 던 택시 노동자, 이소선 어머니, 지금 4선 의원으로 민주당 원내대표를 지낸 대학 친구 우원식 그리고 나만 남게 되었다. 자리를 옮겨 근처 지 하에 있던 다방에 가서 대화를 나누고 나서 우리는 각각 민통련 사회국장직과 평민당 민권국 부국장직을 걸고 끝까지 싸우겠다는 다짐을 어머님께 말씀드렸다. 어머님은 "그럼 나도 함께하겠다"고 선뜻 뜻을 밝히셨다.

그 후 한 달 보름 정도 당시 병원 지하의 영안실에서 이소선 어머니와 함께 기거하며 지금으로는 상상하기 어려운 싸움을 해야 했다. 어머니는 없는 살림에 쌀 포대를 가져다가 내어놓으셨다. 그런데 마지막에 가족들의 입장이 돌변하여 안타깝게도 그동안의 싸움을 접어야 했다.

얼마 지나지 않아 어머니가 종로구 누상동 우리 집에 방문하셨다. 당시 주방 없는 집에 세 들어 살고 있던 때였다. 한여름 찌는 듯 무더운 날씨에 집에 선풍기도 하나 없는 것을 보시고 안타까워하시면서 집을 나서 "전파상에 들려 선풍기 하나 사자"고 하셨다. 그날 근처 전파상마다 선풍기가 품절이어서 비록 선풍기는 사지는 못했지만, 어머님의 깊은 사랑을 느낄 수 있었다.

1989년 구리시에서 구민교회를 개척하여 창립 예배를 드릴 때도 이소선 권사님이 오셨다. 그리고 교회에 큰 잔치가 있을 때면 으레 유가협 어머니, 아버지들이 먼 구리까지 오셔서 격려해 주시곤 하였다. 한승헌 변호사님의 표현에 따르면 "10리도 안 되는 구리"이지만 말이다. 이런 연고로 구민교회 교우들도 마석 모란공원에 가서 여러 차례 장례 뒷바라지를 하기도 했다. 지금은 '모란공원사람들'이란 단체 등이 훨씬 열심히 섬기고 있다. 감사하다.

어머니는 전태일 열사의 주소지로 사용되기도 했던 창현교회(현 갈

릴리교회)에서 신앙을 간증하신 일도 있다. 그 영상을 보면서 '정말 철저한 믿음의 어머니셨구나' 하는 느낌이 들었다.

무엇보다도 어머니가 회장으로 활동하실 때가 유가협 활동이 한창이었고, 문익환 목사님이 후원회 회장으로, 나는 부회장을 맡아 유가협 가족들과 함께하고자 하였다.

한번은 병원에서 어머니에게 담배를 끊으시라고 권했다고 한다. 그러자 어머니는 자신의 아픔을 말씀하셨고, 이를 듣고 의사가 그런 줄 몰랐다면서 그냥 피우시라고 했다는 말씀도 하셨다.

지난 2020년 6월 10일에는 6월 민주항쟁 기념식에서 정부는 어머니에게 국민훈장 모란장을 추서하였다. 이어 전태일 열사 50주기를 맞아 노동 분야 최초로 1등급 국민훈장인 무궁화장을 추서하는 일도 있었다.*

대학에서 학생들을 접하면서 내게 가장 보람된 일들 가운데 하나는 바로 전태일을 알릴 기회를 가졌다는 점이다. KBS 인물현대사 "꺼지지 않는 불꽃, 전태일"을 시청하고 퀴즈나 소감문, 시험 등을 통해 학생들 생각의 변화를 확인할 수 있었다.

이소선 어머니를 찍은 태준식 감독의 다큐멘터리 영화 〈어머니〉의 도입 부분에 우리 교우들이 전태일 열사 묘소 앞에서 어머니와 함께 찍었던 영상과 사진이 나온다.**

---

* 문 대통령 "지금 전태일 열사는 '아직 멀었다' 하시겠죠"(민중의 소리, 2020. 11. 12.)
  https://www.vop.co.kr/A00001525459.html;
  문 대통령, 전태일 열사에 '국민훈장 무궁화장' 추서… 노동계 최초(민중의 소리, 2020.
  11. 12.) https://www.vop.co.kr/A00001525361.html.

마석 모란공원에서 구민교회 교우들이 이소선 어머니와 함께
(영화 <어머니>의 인트로에 사용된 사진, 2011. 5. 29.)

　　나는 이소선 어머니의 하관 예배를 집례하면서 어머니의 그 뜨거운
사랑 그리고 무한한 헌신을 이어받기를 소원하고 다짐하였다.

** https://movie.daum.net/moviedb/main?movieId=67295. 영화 〈어머니〉 0:15:56.

장공 김재준 목사, 마이크 잡다*

평화: 남과 북의 민중을 공통분모로

이 범용자凡庸者(평범하고 변변치 못한 사람이라는 뜻으로 장공이 스스로를 부른 이름)가 태어난 해가 1901년이니, 올해로 만 120살이 된다. 조선 말기와 일제 침략 시기 그리고 남북 분단 시기를 살았다. 해방 후 고향인 함북 경흥 창꼴을 끝내 가보지 못한 것도 안타깝지만, 무엇보다도 아직 남과 북이 분단을 극복하지 못하고 서로를 향해 총부리를 겨누며 무기 경쟁, 전쟁 연습에 몰두하는 현실이 한스럽다. 관광객 피살사건이나 전단 살포 등 남북 당국이 구실 삼으려면 자잘하건 크건 무엇이든 다 핑곗거리가 되는 일 아닌가. 물론 나 자신도 한국전쟁 등으로 말미암은 트라우마로부터 자유롭지 않았다. 하지만 큰 그림에서 미래를 향해 먼저 서로 마음을 열고 가슴속의 철조망부터 걷어내 통일을 찬찬히 준비해 나가지 않으면 안 된다. 무엇이 남과 북의 공통분모인가? 바로 남과 북의 민중 아닌가. 여기에서 출발해야 한다. 남한 동포

---

* 이 글은 「의열지사 넋두리한마당」(https://blog.naver.com/tongwoohn/)에 실렸다.

나 북한 동포나 모두 인간이요 이웃 아닌가? 서로 총부리를 겨누고 닭싸움처럼 눈을 붉힌다면 언제 어떻게 '하나'가 될 수 있겠는가.

이념이나 체제나 사상 이전에 서로 인간으로 바라보고, 인간의 존엄성과 권리와 자유를 서로 인정하며 사랑으로 피차 존경하는 바탕 위에서 먼저 교류와 협력을 굳게 세워나가야 한다. 평화통일이라는 조국의 밝은 내일은 바로 오늘의 지향과 실천 속에 움트는 것이다.

정의: 혐오와 차별, 탐욕, 거짓을 벗어나야

1952년 대한예수교장로회 총회가 나를 목사직에서 제명할 당시의 논거는 성서의 '축자영감설'逐字靈感說을 부인한다는 것이었다. 하지만 사실 그 전부터 지금까지도 대부분의 국내외 신학교육 기관에서는 성서비평학을 가르쳐 왔고, 해당 교단 신학교도 얼마 되지 않아 그렇게 했다. 결국 지난 2016년 10월 해당 총회가 그 목사직 제명을 철회했다는 소식을 들었다. 신사참배 참회가 70~80년 지나서 나오기도 했으니 66년이나 걸린 것도 다행 아니겠는가.

나를 향한 공격이야 그저 뜬구름과 같은 일에 지나지 않는다고 대꾸했었지만, 지금도 한국 개신교계에 이와 유사한 차별과 혐오의 잘못이 여전하여 마음이 아프다. 미국 교계에서 한때 낙태 반대를 마치 천국의 열쇠인 것처럼 주장하던 목소리가 있었는데 한국교계에서는 지금 '차별금지법' 반대, 타종교 배척과 혐오 등으로 목청을 높이고 있다. 성차별 또한 여전하여 아직도 주요 교단의 총회장직은 모조리 남

1985년 강원 지방 여행 중 장공(가운데)을 모시고

성이 차지해오고 있지 않은가.

더욱이 얼마 전 어떤 원로 신학자는 동성애 주제의 논설로 목사직을 박탈당했다고 한다. 또 어떤 신학 교수는 한 근본주의자가 불교 법당에서 벌인 훼불행위를 사과하고 그 복구 비용을 모금했다고 하여 파면당했고, 해당 신학교는 지금까지 법원의 복직 판결조차도 무시하고 있다는 소식이 이어진다. 속이 쓰리다. 이러고도 세계 교회에 나가서 얼굴을 들고 다닐 수 있을까? 차별을 반대하는 세계의 모든 교회와는 관계를 끊고 앞으로 영영 척지고 살고자 하는가.

아니면 성서비평학을 가르치는 해외 대다수 신학교에 유학을 다녀와서도 자신은 아닌 체하고 가면을 썼던 사람들처럼 회칠한 무덤과 같이 앞으로도 쭉 위선에 절어 있을 터인가? 독재에 기생하고 맘몬에 아부하면서도 나는 반공이니 주초酒草에서 자유로우니 하면서 온갖 형태의 바리새주의를 답습할 것인가? 이런 잘못들은 또 얼마나 지나야 제자리로 돌아올까. 혐오나 차별은 그 자체만으로도 악행이거니와 거기에 온갖 거짓까지 동원되니 이중적인 잘못이다.

박정희 시절, 조작한 인혁당 사건으로 사법살인을 자행했던 일을 똑똑히 기억한다. 또 "운동권이 성을 혁명의 도구로 쓴다"거나 "탁 치니 억 하고 죽었다"며 거짓을 유포했던 악한 권력을 잊을 수 없다. 오늘날까지도 광주민중항쟁에 '북한의 사주' 운운하는 선전 선동이 있다.

교회나 정파, 재벌 또는 국가 등 어떤 이름으로 포장되어 있든 간에 자기들만의 탐욕을 채우기 위해 다른 사람들을 수단으로 짓밟는 일은 용인될 수 없다.

자신들에게 주어진 지위나 권한을 남용하며, 더욱이 거짓까지 꾸며 공격하거나 희생양을 삼는 일은 언제나 어디서나 결단코 용납될 수 없는 악행이다. '예' 할 것은 '예' 하고, '아니오' 할 것은 '아니오'만 해야 마땅하다.

아프간 사태의 교훈: '무엇이 중요한가'

최근 아프가니스탄이 탈레반에게 다시 넘어간 까닭은 어디서 찾아야 할까? 아프간 정권의 부패와 무능에 대한 지적이 적지 않다. 아마 그럴 것이다. 그렇지만 그뿐일까? 미국이나 영국 등 서방 국가들의 아프가니스탄에 대한 시각과 접근방법에도 매우 근본적인 문제가 있었다고 본다. 미국이 아프가니스탄에 간 까닭이 9.11 테러범들을 체포하고 그곳이 미국에 대한 공격기지가 되지 않도록 하기 위해서였다고? 하지만 지난 20년 동안의 사상자 수는 너무나 크다.

쏟아부은 1조 달러도 부채로 조달했다니 그 이자까지 더하면 또 얼마나 되겠는가? "전쟁은 끝났지만 비용은 계속된다"는 표현처럼 아프간과 이라크 참전 군인에 대한 지원 비용 등 또한 추가될 것이다. 그처럼 어마어마한 희생과 비용을 치렀지만 미국 입장에서 테러 위협이 줄어들었다고 보기는 어렵지 않겠는가? 더욱이 아프간에서의 민주주의도 거의 원점으로 돌아간 것 같으니 이런 비관적인 상황을 왜 미리 내다보지 못했을까?

9.11 당시 급하게 첫 단추를 잘못 끼운 탓일 수도 있겠지만, 그 후에라도 정책을 바로 잡지 못한 치명적 잘못의 결과 아닌가? 1975년 월남이 패망하는 장면을 목도하고 나는 물량과 신무기를 신주처럼 믿어온 미국의 근본적인 반성을 촉구한 바 있다. 그렇지만 물리력, 즉 군사력이면 금방 다 해결할 수 있을 것이라는 안이한 판단은 지금까지도 여전한 것 같다. 말 그대로 '눈먼 미국'의 모습을 되풀이하고 있기에 그런 엄청난, 혹독한 대가를 치르고 있는 것이다.

아프가니스탄에 쓴 엄청난 비용 대부분은 군사비였고, 재건 사업 비중은 5% 정도에 지나지 않았다니. 그 가운데 "민주주의 확립을 위해 교육 등에 사용한 비용이 과연 얼마였는가?" 묻지 않을 수 없다. "그곳에서 지속 가능한 민주주의의 바탕을 위해 총 군사비의 절반, 아니 1/4이라도 투여했었더라면…" 하는 회한을 품는 사람들이 이 장공 말고도 더 있지 않을까?

물론 금액 규모를 말하려는 것은 아니다. 이슬람 종교나 문화를 무시하고 아프가니스탄을 기독교화, 서구화했어야 한다는 뜻도 결코 아니다. 물량을 쏟아붓는 방식, 단지 전투에서의 승리나 미국의 눈앞의 국익만을 좇아간 것 같아 안타깝다.

오히려 여성을 포함한 인간 존중, 생명 살림, 지속 가능한 사회 추구 등 국제 사회가 보편적으로 받아들일 수 있는 가치를 추구했어야 한다는 의미이다. 그랬더라면 이렇게 끝나지는 않았을 터이다. 이제 우리 모두 무엇이 중요한가, 무엇이 먼저인가에 대해서 돌이켜 다시 생각해 보아야 한다.

'혼'을 넣어주는 교육

'내가 할 수 있는 일이 무엇일까?' 일제하 조선에서 만주, 시베리아로 망명하는 애국지사들을 보며 나는 고민했다. '그래, 교육밖에는 없다'는 것이 내 결론이었다. 후진들에게 뭔가 '혼魂'을 넣어줄 접촉점이 될 것이기 때문이었다. 그래서 금융조합을 사직하고 소학교에서 어린 학생들을 가르쳤고, 유학에도 간도 용정 은진중학교, 조선신학원에서 젊은이들을 키워나가고자 했다. 해방 후에도 민주화, 통일, 평화와 인권 등 실천 지성을 양성하고자 했다.

교육이 혼 없이 지식이나 기능 위주로 흘러가는 일은 막아야 한다. 그것은 미래 불행의 전조일 뿐이다. 개인적 차원의 좋은 '인성'을 넘어, 진정한 '민주시민'을 양성하도록 이끌어 내는 일, 이는 후세를 위한 지금 우리의 마땅한 책임이다. 지속 가능한 민주주의 발전은 전면적이고 지속적인 민주시민교육을 바탕으로 해서만 가능할 것이다. 입학, 채용, 승진 등에서 오로지 시험 성적만이 가장 중요한 것처럼 생각하는 것은 한계가 있다. 그것이 가장 공정하고 객관적인 것처럼 보이겠지만 사실은 그렇지 못하다. 그런 부류의 시험에 익숙한 사람들만 실력자라고 평가될 뿐이다. 획일적 평가가 아닌 개인의 다양한 능력과 재능이 인정되어야 한다. 나아가 민주시민으로서의 의식과 실천이 인정되고, 그러한 자세가 사회적으로 존중받는 미래가 속히 도래하기를 소원한다. 그 바탕으로 '민주시민교육지원법'도 제정하고, 무엇보다도 그런 체계를 만들어 나가기 위해 힘차게 실천해 나가는 일이 중요하다.

민주주의는 이제부터

나는 민주적 기본질서가 파괴된 현실 속에서 늘 신앙 양심의 부름에 응답하려고 했다. 이 땅에서 군사독재를 물리치고 민주 정부를 수립한 것은 자랑스러운 일이다. 민주주의 실현을 위한 수많은 희생과 피의 아우성에 하늘이 응답한 것이라 하겠다. 1987년 함석헌 옹과 더불어 '새해 머리에 국민 여러분께 드리는 글'에 적었던 바와 같이 정치는 주권재민의 민주화를 이룩하고, 민중 생존권을 확립하며, 자주 국가로 나아가는 길에 서야 하는 큰 사명이 있다.

국민을 먹여 살리는 생산의 주체인 노동자는 기업주와 공생共生하여 그 이익을 만들어내고 그 이익이 정의롭게 분배되도록 힘써야 한다. 무엇보다도 국민들이 나라의 주인으로서 바르게 깨닫고 제 임무

를 다해야 한다. 선전에 속아 부화뇌동하거나 횡포를 용인하는 일이 없이 자유와 정의를 향한 힘찬 행진을 계속해야 한다. 상대방을 인격체로 존중하지 않는 데서 온갖 인권의 침해와 착취가 일어난다.

성별, 연령, 피부색이나 출신, 종교, 취향, 장애 여부 등의 장벽을 넘어 서로 더불어 사는 존재임을 인식하는 것이 지속 가능한 사회의 바탕이다. 그런데 교리만의 종교가 백골과 같은 것처럼 절차에서만의 민주 또한 허무일 따름이다. 내 눈에는 제도로서의 민주주의는 결코 민주화의 종착점이 아니라 내용적 민주주의를 향한 시발점일 뿐이다.

생명살림

오늘날 기후변화와 환경, 생태계의 위기가 화두다. 나도 젊은 시절부터 열 가지를 정하여 지키려고 노력했는데, "산하山河와 모든 생명을 존중하여 다룬다"와 "모든 피조물을 사랑으로 배려한다"가 있었고, 늘

"생명, 정의, 평화"를 기도했다. 자연은 쓰고 버리는 일회용품이 아니다. 자연과 환경의 보전은 후세를 위한 우리 세대의 마땅한 책임이다. 그 가운데 핵발전, 핵무기 등의 극복이 중요한 과제로 자리 잡고 있다. 아울러 전쟁으로 말미암은 인명의 대량 살상은 물론이려니와 평시에도 이 땅에서 산업재해와 교통사고, 자살 등으로 말미암은 안타까운 죽음들을 막아야 한다. '생명살림'이란 이 늙은이의 호소에 교육, 국방, 건설, 산업, 정치, 시민사회 등 각 부문이 응답하기를 바란다.

'잊지 않도록!'

끝으로 말하련다. 이 땅의 흙은 억울한 피에 절었다. 최제우, 최시형 등 탁월한 종교 창시자를 죽이고, 동학농민혁명의 총수 전봉준을 일본 군대에 처넣어 죽였다. 이승만 시대에는 어떠했는가? 여운형, 김구, 조봉암 등등 쟁쟁한 지도자들이 암살당했다. 그뿐인가. 4.19 때 의로운 학생들의 피, 광주학살에 억울하게 희생된 수백 명의 학생과 시민들, 1987년 박종철과 이한열을 비롯한 수많은 의로운 피가 하나님께 울부짖고 있다.

우리 겨레가 이 억울한 피의 외침을 어찌 잊을 것인가. 민주화운동 희생자 유가족들이 지금도 국회 앞에서 '민주유공자법' 제정을 눈물로 호소하고 있다. '불망비不忘碑'는 역시 필요하다.

"그들을 잊지 않도록(Lest We Forget)!"

2부
내가 만난 김거성

가지 않을 수 없었던 길,
하지만 누군가는 반드시 가야 할 길

꙰

오종민
(전 경기도교육청 감사관실 특정감사팀장)

원래 지상에는 길이 없었다. 가는 사람이 많아지면 길이 되는 것이다.

2015년 3월 수원 광교산 보리밥집, 첫 인연이 시작되었다.

그해 5월의 어느 날, 학교급식에 대한 비리를 제보받은 김거성 감사관은 감사 담당 공무원들에게 "학교급식 문제의 피해자는 학생과 학부모입니다. 소신껏 일해 주세요, 반드시 대책도 함께 마련해 주세요"라고 당부했다. 학교급식 특정 감사의 신호탄을 쏘아 올린 것이다.

○○고등학교. 통상 감사 일정은 일주일 정도였지만, 감사를 진행할수록 다른 회계 부정들이 드러났다. 예전에 그랬던 것처럼 감사 중단을 고민할 수밖에 없었다. 이때 김거성 감사관의 한마디, "감사 기

간은 생각하지 마시고, 철저히 조사하고 분석해서 그 대안까지 마련해주세요." 그 뒤 50여 일간의 감사로 회계 비리의 원인과 결과, 그 대책까지 마련할 수 있었다.

그 감사의 결과는 복합적이었고 충격적이었다. 첫째로 학교급식 납품업체가 식품 단가를 속여 부당 이득을 취했고, 둘째로 식재료 유사 품목 중 고가 품목 위주로 구매하여 예산을 낭비했고, 셋째로 물량지원과 월간 구매액이 일정 금액을 초과하면 캐시백 포인트, 상품권으로 받는 등의 비상식적인 입찰 방식과 학교(직원)와 업체 간 유착 등이 드러났다. 기존의 감사 결과와 전혀 다른 내용이었고, 뜻밖의 문제점들이 드러났다.

이를 위한 제도 개선으로 경기도교육청이 기존 입찰 방식에서 계약(입찰)부터 식재료 납품(검수)까지 투명하고 공정한 입찰 방식을 새롭게 도입했다.*

감사 결과를 토대로 투명한 입찰 제도 개선을 진행하는 과정은 험난했다. 평소대로 소통과 공감을 중요시한 김거성 감사관은 반발하는 급식 이해 관계자 등과 여러 차례 토론회를 거쳐서 학교급식 분야에서는 처음으로 지역교육청-학교와 업체 간의 자발적인 "투명사회협약"

---

* 2016학년도 1학기부터 경기도 내 모든 학교에 '학교급식전자조달시스템'(eaT) 사용을 전면 의무화하여 나이스 식단, 에듀파인을 통해 품의, 계약, 납품, 검수 등 급식의 전 과정을 전산화하고, 학교급식 식재료 품목에 대한 전산화로 가격 정보를 제공하며, 식재료 공급업체에 대한 사전 등록심사 및 사후관리를 통해 안전성을 강화하고, 공급업체에 대한 행정처분 정보나 원산지 및 친환경 인증 정보, 축산물 검수 시스템과 등급판정 이력 정보를 전산 연계하였고, 상시 모니터링 체제를 구축하였으며, 물량지원(1+1) 금지, 캐시백 포인트와 상품권 금지 등의 조치를 병행하였다.

을 체결할 수 있게 했다. 현재 이 협약식을 타 기관들도 응용해서 적용하고 있다. 새로운 길이었다.

2015년, 경기도교육청 학교급식의 큰 변화를 경험하는 계기를 가져왔다. 지난날 난제였던 학교급식 비리에 관한 '고르디우스의 매듭'(Gordian knot)이 풀리는 순간이었다. 그 이후 우리 대한민국의 학교급식 환경은 어떻게 되었을까? 수많은 학생과 부모님들은 그 변화를 알고 있지 않을까? 학교 현장은 그 변화를 알 것이다.

2015년 10월 중순, 뒤이어 일부 사립유치원의 비리 제보가 접수되었다. 지금 생각해 보면 가지 않을 수 없던 길을 운명처럼 함께 가게 된 시작이었다.

사립유치원에 대한 감사 준비과정에서 "사립유치원의 비리는 처벌할 수 있는 법률 규정이 없습니다." "안 됩니다. 시도했다가 결국 모두가 포기했습니다." "정치권의 외압을 어떻게 이겨낼 수 있을까요?" 현장 공무원들의 반응은 걱정과 우려가 섞인 목소리들이 대부분이었다. 심지어 감사관실 내부에서도 그 업무를 배정받기를 두려워했다. 이때 사명감과 소신을 강조하며, 힘을 실어주는 김거성 감사관의 한마디가 있었다.

"우리 그런 거 따지지 맙시다. 공무원들이 외면하면 피해 보는 사람들이 누구인지만 생각하면 됩니다. 우리가 누구를 위해 존재하는지 그것만 생각하고 갑시다."

"부당한 압력을 행사하는 사람이 있다면, 제 핸드폰 번호를 알려주세요. 제가 직접 통화하겠습니다."

그 당시 내가 속한 감사부서는 학교급식 특정 감사가 진행 중이어서 사립유치원 특정 감사까지 업무를 동시에 맡기에는 쉽지 않았지만, 그의 용단 있는 한마디에 변화의 길에 몸을 실었다.

사립유치원에 대한 감사는 처음부터 난항이었다. 어떤 정치인들은 "왜?, 사립유치원을 감사하느냐?"로 시작된 압박과 회유로 곱지 않은 시선을 던졌고, 일부 사립유치원은 연이은 감사 반대 집회와 음해성 고발로 화답했다. 일부 언론도 함께 부당 감사, 불법 감사 등으로 연일 기사화했다. 그동안 사립유치원은 교육청의 감사로 손댈 수 없는 그들만의 '성역'이었다. 총체적인 난맥을 경험한 시기였다.

물론 수십 년을 유아교육의 현장에서 헌신, 희생해 왔던 원장들과 직원들이 계신다. 그분들 덕분에 우리나라 유아교육이 발전한 것은 사실이다. 하지만 일부 사립유치원들에서의 회계 비리는 심각한 수준으로 유아들의 건강, 교육과정과 안전 등에 직결되는 것으로 '회계 감사'만으로 해결하기에는 어려움이 있었다. 더 근본적인 해결책이 필요했고, 이를 고민해야 했다.

2016년 12월. 김거성 감사관은 경기도교육청 유아교육과에 지역교육청과 사립유치원 간의 자발적인 공공성 강화를 위한 약속으로 "경기교육 유아 분야 투명사회협약"을 제시하였고, 부서 간 소통과 협업을 시작으로 난제 해결을 위해 손을 잡았다.

이를 토대로 경기도 내 사립유치원이 자발적으로 실천해 나갈 4대 분야를 선정(교육과정 정상화 4개 항, 재무회계 투명성 2개 항, 학부모 참여 확대와 거버넌스 구축 3개 항, 민주시민 의식함양 1개, 총 10개)하여 협약 설명회를 수차례 개최하였고, 감사관실-유아담당부서-지역교육청-사립유치원의 4개 주체가 함께하는 거버넌스가 마련되었다.

그 결과 2017년 11월에 경기도교육청 1호로, 경기도 ○○교육지원청 관할 25개 사립유치원 전부가 자발적으로 참여한 협약을 체결하는 등 과정이 순조롭게 출발하였다. 하지만 2018년 8월 말 그가 퇴임하면서 투명사회협약은 결국 미완의 숙제로 남게 되었다. 앞으로도 자발적인 유아교육 분야 투명사회협약이 계속 발전되기를 기대한다.

사립유치원 특정 감사를 진행하는 과정에서 일부 사립유치원들이 김거성 감사관과 감사 담당자 등을 수차례 고소(고발)하였으나 '혐의 없음'으로 종결되었다. 하지만 사립유치원들의 감사 거부와 비리 등에 대해 고소(고발)한 사건들은 여전히 현재진행형이다.

내외적인 어려움 속에서도 경기도교육청의 사립유치원 특정 감사는 의미 있게 종결되었다. 가장 큰 보람은 경기도교육청의 특정 감사로 시작된 불씨가 유치원 관련 개혁 3법(유아교육법, 사립학교법, 학교급식법)이 국회 본회의를 통과(2020. 1. 13.)하도록 했다는 점이다. 앞으로 사립유치원의 공공성과 투명성 증진으로 이어지리라 기대한다.

주요 언론이 외면하는 가운데서도 일부 언론은 "한유총(한국유치원총연합회) 비리 밝히던 '감사관실의 수난'" 등의 기사로 격려와 응원을 보내 주었다. 그동안의 고통이 치유되는 글이었지만, 가슴 한쪽이 쓰리고 아팠다. 다시 그 상황으로 돌아간다면 또 그 일을 할 수 있을까? 답은 "언제든지, 물론이다."

김거성 감사관은 평소 업무의 염결성과 소신을 강조하면서도 그 과정에서는 언제나 소통과 공정, 신뢰를 소중히 여겼다. 그 일례로 위원들만 참여 가능한 감사처분심의위원회에 지역 교육청 감사공무원들을 초청하여 감사 수준의 상향과 균질화를 도모하였으며, 감사 담당자나 피감사자 모두에게 부당하거나 억울한 사례가 발생하지 않도록 최선의 주의를 기울였다. 또 심의 과정에서 맨 마지막에 다른 위원들의 처분 의견을 듣고 난 다음에야 자신의 의견을 밝혀 감사 담당자들이 자신의 의견과 소신을 밝혀 책무성을 향상시키기 위해 노력하였다.

김거성 감사관은 늘 갑질 없는 민주적 공동체를 이룩해야 한다고 설파하였고, 또 그렇게 실천하였다. 간부들이 출장할 때 관행적이던 '운전 지원'도 폐지하였으며, 산하기관에 청렴교육 등으로 방문할 때에는 식사 대접도 사양하였다.

우리는 잘 알고 있다. 누구나 할 수 있을 것 같은 일을 누구나 당연하게 해오지는 않았던 사실을…. 그리고 생각과 실천은 전혀 별개라는 사실을….

First there, Last out
(위험한 곳에 가장 먼저 들어가고, 가장 늦게 나온다).

김거성 수석의 삶은 "내가 먼저, 가장 나중에"가 아니었을까?

오늘도 그는 아무도 가지 않는 길, 하지만 누군가는 가야 할 길을 찾고 있지 않을까?

2022. 01. 09.

저승사자와 '침묵의 천사'

김응교
(시인, 숙명여대 국문과 교수)

1980년 한 대학에 다니려다가 고 김찬국 교수가 쓴 책을 읽고 이
분께 배우고 싶다는 생각으로 1981년 대학을 옮겼다. 입학했으나 그
분은 민주화운동을 하셔서 감옥에 수감되었다가 해직되어 있었다. 인
터넷이 없던 시대에 신문을 찾아 김찬국 교수의 강연을 따라다니고,
내가 참여한 모임에서 모셔서 강연을 듣기도 했다.

"우리의 친구 문익환 목사님이 감옥에 계십니다. 제가 문익환 목사가 쓴 시
집을 팔고 다닙니다. 이 강연이 끝나면 시집을 사주시면 영치금으로 보내
겠습니다."

그분은 작고 검은 가방에 문익환 시집을 넣고 다니며 팔았다. "내
옆에 앉으면 김과 찬과 국이 있어. 나는 김과 찬과 국을 만드는 사람입

니다"라며 아재 개그 같은 말도 하셨다.

정작 해직된 김찬국 교수에게는 강의를 듣지 못했다. 4학년 때 복직하실 때에 그 복직식에서 사회를 봤으나 그분의 수업은 한 차례도 듣지 못했다. 이후 연세대 부총장, 상지대 총장으로 활동하시고 돌아가셨다. 이제 어디서 그의 학문과 인격을 배워야 할까? 그는 돌아가시고 그에게 배운 제자들이 선배의 모습으로 다가왔다. 선배 중 도대체 말이 없는 침묵의 수도자가 있다.

민주화운동에 뛰어든 김거성 선배는 오랜 감옥생활을 하고 침묵의 수도자가 되었다. 도대체 말이 없었다. 선배가 어떻게 나를 보았는지 자신이 헌신하는 교회 청년부 모임에 강사로 나를 불러 함께한 적도 있었다.

1984년 10월 형님의 결혼식에서 나는 친구들과 축가를 불렀다. 그때도 미소만 짓고 일절 말이 없으셨다. 그의 침묵에서 무언가 배우고 싶었다. 이후 1980년대 내내 수많은 열사의 장례식을 챙겨주셨다. 시신을 운반하면서 마지막에는 문익환 목사님을 운구하면서 나는 그 수많은 열사, 억울한 영혼의 장례식을 말없이 집례하는 선배를 보았다. 좀처럼 그의 얼굴에서 미소를 볼 수 없었던 짐승스러운 시대였다. 야만의 시대가 선배에게서 말을 뺏어가지 않았을까?

용산참사 때 선배는 말레이시아 국회의원을 모시고 기도회 현장에 나왔다. 사단법인 한국투명성기구 회장으로 또 국제투명성기구 이사로 국제적 네트워크와 너른 인간관계를 가진 선배는 한국뿐만 아니라 세계의 부조리에 대처해 왔다.

잘 안 알려진 사실인데, 1989년 개척한 한국기독교장로회 구민교회에서 전국교직원노동조합 최초의 지회가 탄생했다.* 구리미금남양주지회가 바로 구민교회에서 선배의 보호를 받으며 시작되었다. 그 구민교회 창립 30주년 기념행사에 이 서생이 초청받아 영광스럽게도 교우들이 엮어낸『하늘 씨앗』(애기똥풀, 2019)이란 책을 평가하고 축하하는 시간을 가졌다. 내게는 정말 버거운 축복이었다.

서울 홍제동에 송죽원이란 아동양육시설이 있다. 75년 전 여성 독립운동가였던 박현숙 여사가 세운 송죽결사대에서 유래되어 여아들을 보살피는 곳이다. 그곳에서는 영아를 포함 약 50명의 아동이 생활하고 있다. 만 18세 미만의 아동 중 보호자가 없거나, 보호자가 아동을 양육하기 어려운 이른바 '요보호' 아동들을 돌보는 곳인데, 선배는 그곳에서도 '구리 아빠'로 불리며 헌신하였다.

기독교윤리학 박사 논문을 쓴 선배를 볼 때마다 히틀러에게 대항한 본회퍼의 노래가 떠오른다.** 본회퍼와 김찬국을 따르는 후학이라는 공감대가 선배와 후배 사이를 뜨겁게 했다. 그는 연세민주동문회를 재창립하고 회장을 역임했다.

선배가 비리 유치원에 '저승사자'로 알려지면서 내게도 청탁 전화가 몇 통 왔다. 어디서 알았는지 내가 형님과 가깝다는 사실을 알고, 식사 한번 모시게 해달라고 몇 군데 유치원 원장에게서 전화가 왔다. 도대체 나를 어떻게 보는지? 나는 그런 사람이 아니고, 그런 내용으로

---

* https://hoy.kr/spCYg.

** https://hoy.kr/HfBfQ.

함께 식사하실 분이 절대 아니라고 사양했다.

이제 청와대에 시민사회수석으로 들어가신다. 너무도 적절한 선택이다. 이제 우리는 관념으로만 학문으로만 국민 시민을 인용하는 이가 아닌 실제로 바닥에서 살아온 실천가를 시민사회수석으로 볼 것이다. 수 없는 열사의 장례식을 집전했고 그 가족을 위로했으며, 아동을 보호하는 송죽원에서 온갖 상처받은 아기천사들을 껴안고, 경기도교육청에서는 감사관으로 일했고, 투명성기구를 통해 세계적인 인맥까지 체험한 이에게는 또 다른 십자가이겠지만, 우리에게 이런 분이 있다는 것이 다행이다.

2019. 07. 27.

'벗님' 김거성 목사와의 추억 회고

✿

강성구
(민주화운동기념사업회 상임부이사장)

1977년 10월

기억나는 첫 장면은 1977년 10월이다. 그는 당시 연세대학교 신학과 2학년생으로 나와 기독학생회(SCA) 동아리 동기였다. 시대와 기성세대에 대한 반항으로 장발에 흰 고무신을 신고 다니던 나와 달리 그는 특별히 두드러지지 않았던 학생이었다. 그러던 그가 1977년 10월 12일 벗 노영민과 함께 유신반대 유인물을 배포하여 잡혀간 것이다. 그들의 결단에 깊이 영향받은 나는 2주 후인 10월 25일 거사를 치르고 그 뒤를 이어 감옥에 갔다. 현저동 서울구치소에서 만난 그는 당시 호적상 미성년이어서 소년수 사동인 10사(舍)에 수감되어 있었다. 그 시절의 만남이 이후 지금까지 45년째 이어지게 된다.

1980년 5월

그는 1980년에 서울 서대문에서 부모님의 서점 일을 돕고 있었는데, 5월 21일경 TV를 통해 이른바 '광주사태' 소식을 접하고서 위험을 무릅쓰고 그 서점으로 갔다. 거기서 그로부터 "전두환의 광주살륙작전"이라는 제목의 유인물을 전달받았다. 내용을 읽고 온몸이 떨려왔다. 나도 동료 후배들과 함께 이 유인물을 제작하고 배포하였다가 검거되어 43일간 치 떨리는 고문을 받고 다시 감옥에 갔다. 그때에 그도 마찬가지로 다른 곳에서 혹독하게 당했다.

1987년 민통련

인천 5.3 항쟁 이후 공개적 운동으로 전환하여 민주통일민중운동연합(민통련) 정책실에서 일했다. 그는 나보다 먼저 민통련 사회국장을 맡아 온갖 험한 일을 묵묵히 도맡아 했다. 특히 6월항쟁을 전후로 하여 당시 많은 열사들의 장례식은 온전히 그의 몫이었다. 이한열 열사의 피격 직후에는 곧바로 그와 함께 동문 대책위원회를 조직하여 거국적인 규모의 장례를 치루었다. 그 성과를 이어 전국 최초의 민주동문회인 '연세민주동문회'를 출범시킬 수 있었다.

1989년 구민교회 목회

내가 향후 운동의 진로를 놓고 고민하고 있을 때 그는 경기도 구리 지역에 이른바 민중교회인 '구민교회'를 1989년 세웠다. 이후 30여 년간 그는 특이하게도 한 번도 구민교회 담임목사로서 목회를 손에서 놓은 적도 없고, 한 번도 목회만 한 적도 없다. 예배는 일요일 11시에 한 차례만 드렸고, 수요예배나 새벽기도 등 다른 집회는 거의 하지 않았다. 그가 평생 존경하는 고故 전학석 목사님의 영향이라고 생각한다. 대신 그는 목회'만'하지도 않았다. 사업도 했고, 시민운동도 했고, 교육청 감사관도 했고, 청와대 수석까지 했다. 그를 필요로 하는 모든 곳에서 기꺼이 헌신했다. 지역에서 구민교회의 민중교회로서의 소임을 해낸 것은 물론이다.

1992년 넥스테크

아는 사람들 사이에서 그는 한때 '컴퓨터 도사 목사'로 불렸다. 사회주의 블록의 붕괴와 해체로 운동의 진로가 혼란에 빠져 있을 때 나는 그와 '넥스테크'라는 컴퓨터 조립판매업을 시작하였다. 당시는 DOS 시스템을 장착한 개인용 컴퓨터(PC) 도입 초기였고, PC를 활용한 OS(사무자동화)는 매우 어려운 일이었다. 그는 당시 이 분야의 선진국이었던 대만에까지 값싸고 질 좋은 부품을 수입하러 출장을 다녀왔고, 우리는 꽤 성과를 이루어냈다. 사무실에 불의의 화재가 발생하고 내 신상에 갑작스러운 변화가 발생하여 넥스테크는 단명했으나 그는 이후로도 상당 기간 이 사업을 지속하여 삼성컴퓨터 판매로 이어졌고, 그 흔적은 아직도 남아있다.

1999년 반부패국민연대

그는 나이 40이 넘어 시민운동에 늦깎이 도전을 시작하였다. 1999년 '반부패국민연대'를 창립한 것이다. 이후 '한국투명성기구'로 명칭을 바꾸었는데, 이 단체는 한국의 대표적 반부패 시민운동 단체의 하나로 자리매김하고 있다. '반부패'와 '청렴'은 목사로서의 정체성과 함께 그의 삶에 뚜렷한 지표로 새겨져 있다.

당시 제주에 살고 있던 나는 기꺼이 가까운 벗들과 함께 '제주지부'를 창립하고 활동하였다. 또한 이 시기에 나는 그를 통로로 삼아 국회나 청와대 등과 소통하며 제주 지역사회의 염원이었던 4.3특별법 제정을 위해 힘을 모았다.

2006년 한국투명성기구

한국투명성기구는 국제투명성기구(Transparency International)라는 국제 NGO의 챕터(chapter)다. 각국 본부인 챕터 자격을 유지하는 것과 일상 활동이 한국의 일반적인 시민단체보다 훨씬 까다로운데다 영어로 모든 것을 소통해야 하는 '언어의 장벽' 또한 만만치 않다. 이런 가운데서 그는 100여 개 챕터 국가가 한 표씩을 행사하여 선출하는 12명의 이사 가운데 한 명으로 2004년과 2007년, 두 차례나 당선되는 저력을 보여주었다. 나아가 그는 '투명사회협약'이라는 엄청난 실험을 성공시켜 내었다. 정권이 바뀌면서 협약의 정신은 주저앉았고 하향식이라는 등의 한계는 있었지만, 이는 사후적인 평가일 뿐이다. 늘 창의적이고 진정성 있게 미션에 임하는 그의 자세는 2005년 국민훈장 모란장 수훈과 2020년 국제투명성기구의 임명직 이사라는 영예로 입증되었다. 나도 그의 여정에 사무총장으로 함께 할 수 있었다. 그리고 영어에 대한 도전은 박사 학위를 영어로 제출하고 통과하는 성과로까지 끈질기게 이어졌다.

2015년 경기도교육청 감사관

반부패 운동의 연장선상에서 그는 경기도교육청의 개방형 감사관으로 임용되었다. 그가 중심을 잡아 온갖 외압으로부터 감사 방향과 원칙을 견지하였고, 사립유치원 비리의 실체가 처음 세상에 드러났고 언론을 통해 알려져 이른바 '유치원 3법'이라 불리는 입법으로까지 이어졌다. 원칙과 뚝심의 일관된 지도력, 감사관실 직원들의 적극 참여, 시민감사관 제도의 도입과 팀플레이 등이 합작하여 이루어 낸 성과였다. 나는 같은 시기에 충남교육청에서 지역 여건과 정서에 맞는 방식으로 함께하였다. 참으로 길고도 오랜 인연이었다.

2019년 청와대 시민사회수석

그가 청와대 시민사회수석으로 임명되어 근무할 때 나는 이한열 기념사업회 이사장으로 일하고 있었다. 2020년 이소선 어머님(전태일 열사 모친), 박정기 아버님(박종철 열사 부친), 배은심 어머님(이한열 열사 모친) 등께서 민주 발전에 기여한 공로로 정부로부터 국민훈장 모란장을 수여 받으셨다. 다른 자리에서 그가 인터뷰한 기사를 본 적이 있었는데 임기 중 가장 보람 있는 일로 이를 꼽았다. 나아가 이를 계기로 6.10민주항쟁 국가기념식에서 민주 발전 유공 훈포장이 정례화되었다. 마치 유치원 비리 감사 결과가 '유치원 3법'이라는 제도적 성과를 이끌어 냈듯이 말이다.

'컴퓨터 도사 목사', 국제투명성기구 활동과 투명사회협약, 유치원 비리 감사 등에서 보듯 그는 총명하고 아이디어도 많고 끈질기기도 하다. 그러나 이런 점들은 그의 일면일 뿐이다. 이런 점들이 그의 삶을 이루는 부분이 될 수 있었던 것은 그 바탕에 있는 '진정성'과 '진심'이다. 그래서 그는 한 번도 목회를 손에서 놓지 않았으면서도 한 번도 목회만 하지 않았던 것이다. 그래야 온전하게 '목사'로서의 삶을 살 수 있다고 스무 살 때 깨닫고 결심했기 때문이다. 그는 나의 '벗님'이다.

내가 만난 김거성 선배

❦

박래군
(4.16재단 상임이사)

김거성 선배를 처음에 어떻게 만났는지는 아무리 더듬어 봐도 딱히 기억나지 않는다. 그럼에도 언제부터인지 자연스럽게 김거성 선배를 만나왔고 그런 인연이 30년 넘었다.

1988년 동생을 잃고 유가협(민주화운동유가족협의회, 현재는 전국민족민주유가협족협의회)에서 일하며 선배와 가깝게 지냈다. 그때는 분신하는 열사들, 국가폭력에 죽어가던 사람들이 많을 때였다. 전국으로 돌아다니며 장례를 많이 치르다 보니 어느새 내게는 '재야의 장의사'란 별칭이 따라붙었다. 전국에서 이런 죽음과 관련된 일이 제일 먼저 연락오는 게 유가협이었으니 당연하다. 그럴 때 선배와 동행하고, 선배로부터 장례를 준비하고 치르는 과정을 배우게 되었다.

1991년 이른바 분신정국은 끔찍했다. 서울로, 대구로, 부산으로,

광주로…. 전국에서 연이어 죽어가면서 열사들은 "노태우 정권 타도"를 외쳤고, 거리에는 최루탄 연기가 자욱했고, 백골단과 전경의 폭력에 맞서는 돌과 화염병, 쇠파이프가 난무했다. 그때 워낙 많은 장례를 치르다 보니 내가 운동을 하는 것인지 장의사 노릇을 하는 것인지 모를 지경이 되었다. 그럴 때 선배가 했던 말이 생각난다.

"우리가 장의사가 되면 안 되는데…."

어떤 상황에서인지 나는 운동가의 모습보다는 장의사의 모습을 보였던 것 같다. 죽음의 현장에 가면 이른바 견적이 나왔다. 조직이 탄탄한 학생운동가의 죽음에는 장례 비용도 상대적으로 넉넉했지만, 조직이 약한 노동자 등의 경우에는 장례 비용을 마련하는 일조차 막막했다. 그럴 때 그 형편에 맞으면서 그들의 주장이 제대로 전달되도록 장례를 치러야 했다. 그때의 끔찍한 죽음의 현장에서 내가 운동가의 본연을 잃지 않도록 이끌어 주신 게 김거성 선배다.

선배는 기독교 목사이지만 그렇다고 기독교식의 장례 의례를 고집하지 않았다. 이한열 열사의 장례식 이후 운동사회에 정착된 장의 형식이나 절차 등은 거의 그에 의해서 고안되고 정착이 되었다 해도 과언이 아닐 텐데, 거기에는 특정 종교의 장례 의식이나 절차가 아니다. 전통의 장례 문화를 이으면서도 고인과 유가족들의 바람을 반영해서 진행되도록 배려했다. 종교를 넘은 보편의 양식을 만들어 냈다고 할 수 있다. 그러고 보면 선배는 종교의 벽을 거뜬히 뛰어넘는 연대를 보이며 살아오셨다.

　그 뒤로도 선배는 유가협의 든든한 지원자였다. 유가협 후원회를
만들 때도 그렇고, 유가협 어머니, 아버지들이 힘들 때, 도움이 필요할
때 연락하지 않아도 알아서 오고 힘이 되어주는 그런 사람이다. 선배
는 부드럽고 낮은 목소리로 사람들 곁에 선다. 본인이 나서서 강하게
주장하지 않는다.

　유가협의 어머니, 아버지들의 아픈 얘기를 모두 들어주었다. 자식
을 잃은 유가족들의 아픈 얘기를 차분히 들어주는 일은 쉽지 않다. 가
르치지 않으려고 하면서도 의견을 말할 때는 조용하게 차분하게 설명
해 주고, 위로해 주는 사람의 모습을 보여주셨다. 유가족들이 싸우는
현장에서 동대문 창신동 한울삶(유가협 건물)에서 어머니, 아버지와 같
이 싸우고 울고 웃어주는 사람, 그러니 이소선 어머니나 배은심 어머
니 등 가족들이 "우리 목사님, 우리 목사님" 하면서 문익환 목사님 다
음으로 의지하는 목사였던 것 같다.

　"어머님이 원하시는데 해야죠."

　하기 어려운 일에도 이런 식이었던 것 같다. 어떨 때는 단호하게 할
수 없다고 해야 할 일들도 없지 않았지만, 어떻게든 유가족들의 요구
를 들어주려고 하던 고마운 선배였다.

　유가협이 아니고도 나는 선배와 연세민주동문회와 각종 대책위원
회 등에서 만났다. 하는 일이 다르니 때로는 가까이 함께 활동하다가

멀리 떨어지기도 하곤 했지만 언제든 만날 수 있고, 언제고 함께하는 그런 인연이 이어졌다.

그러다가 세월호 참사가 나고 선배는 당시 경기도교육청의 감사관으로 있으면서 단원고 기억교실 문제를 풀려고 무진 애를 썼다. 처음에는 어떻게든 단원고 기억교실을 존치하는 방향으로 일을 풀어보려고 했지만 상황은 그렇게 흘러가지 않았다. 교육 주체들의 갈등 속에서 선배와 괴로운 시간을 같이 보내야 했다. 선배는 대안으로 4.16민주시민교육원을 제시하였고, 그렇게 실현되었다.

청와대 시민사회수석 시절에는 돌아가신 열사들과 유가족들이 민주화운동 유공자로 서훈되는 길을 열어 주었고, 남영동 대공분실을 민주화운동기념사업회로 이관하게 하는 성과를 만들어 내었다.

갈등의 현장에서 합리적 대안을 제시하던 모습들, 엄청 욕을 먹는 자리에서도 화를 내지 않고 조정을 해내던 선배의 모습들이 기억난다. 늘 약자의 위치에서 아픈 자의 목소리에 귀 기울일 줄 아는 그런 모습을 여전히 간직하는 선배가 존경스럽다. 오랜 세월 고단한 역경을 이겨내면서도 송죽원을 운영했고, 이들을 더 이해하기 위해서 사회복지를 공부하여 지난해에는 1급 사회복지사 자격증을 따내는 것도 보았다. 마지막까지 어떻게 살아야 하는지 귀감을 보여주시는 것 같다. 낮은 자세로 경청하고 공감하며, 합리적 대안을 만들어 실천해 온 그 모습 그대로 선배는 살아가실 것 같다. 그래서 김거성 선배가 인간적으로 너무 좋다.

김거성, 참 한결같은 사람

❦

이동경
(MBC 기자)

2018년 10월 11일 목요일, 만 3년 넘게 흐른 지금도 날짜와 요일까지 또렷하게 기억나는 그 날. 'MBC 유치원 보도팀'은 전국 17개 시도교육청의 감사로 비리가 드러난 유치원 1,100여 곳의 명단을 세상에 알렸다. 아이들에게 써야 할 돈으로 명품을 사고, 유흥에 쓴 원장님들의 소식이 전해지면서 시청자들은 경악했다. 단 하루 만에 MBC 홈페이지에 올라와 있는 비리 유치원 명단을 내려받은 건수만 120만 건에 달할 정도로 반응은 폭발적이었다.

그러나 우리 유치원 보도팀은 안심할 수 없었다. 이미 보도 전부터 사립유치원 측의 강력한 반발을 눈으로 직접 목격하기도 했거니와 관련 법 개정까지 끌어내자는 목표를 달성하기 위해서는 장기전을 각오하지 않으면 안 됐기 때문이다. 그러기 위해서는 시청자들의 더 많은 관심을 끌어내고, 궁금증도 풀어줘야 했다.

보도 직후 시청자들은 크게 두 가지를 궁금해했다. 첫째는 아이가 다니는 유치원이 비리 유치원인지의 여부. 이는 MBC가 보도와 함께 공개한 비리 유치원 명단을 통해 어느 정도 해소될 수 있었다. 그리고 다른 하나는 '과연 이 지난하고 어려운 작업을 누가 해냈을까'라는 질문이었다. 감사를 실시한 교육청 감사관의 이야기를 듣는 것은 그래서 그 무엇보다 중요했다. 보도팀은 어렵사리 뉴스 스튜디오로 그 당사자를 모셨다. 그 사람은 바로 경기도교육청에서 사립유치원 감사를 주도했던 김거성 전 감사관이었다.

당시 보도팀의 막내였던 나는 보도의 전체적인 윤곽만 어느 정도 파악하고 있었을 뿐, 이 보도를 회사와 팀에 제보한 이들에 대해서는 정확히는 알지 못한 상태였다. 김거성 전 감사관의 뉴스 출연은 나에게도 무척이나 긴장되고 두근거리는 일이었다. 첫 보도 바로 다음 날이었던 10월 12일 밤 8시 그가 앵커와 나란히 앉아 인터뷰를 진행했다. TV로 먼저 접하게 된 그는 마치 가을 서리(秋霜)가 내려앉은 듯한 하얀 머리칼과 하얀 눈썹이 인상적인 모습이었다. 그렇게 처음 김거성이라는 분을 알게 되었다.

이 자리에서 그는 훗날 자신의 '트레이드마크'가 된 사립유치원 원장이 보낸 '골드바' 택배를 돌려보냈다는 이야기를 비롯해 감사 과정에서 불어온 크고 작은 외풍을 막아냈던 이야기들을 시청자들에게 전달했다. 결코 녹록지 않았던 그날의 일을 너무나 놀랍게 담담하게도 풀어내던 감사관님. 그날 나를 비롯한 많은 시청자는 그를 통해 시대가 갈망해 온 공정과 정의의 증거들을 조금이나마 확인할 수 있다.

방송 출연 당일에도 TV 화면에서만 보았던 그를 직접 대면할 수 있었던 것은 해를 넘긴 2019년 초 한겨울이었다. 유치원 보도가 어느 정도 한숨을 돌린 시점이었다. 우리나라에서 이익단체로는 손꼽히는 사립유치원연합회의 저항을 막아내고 감사를 진행했을 정도면 얼마나 엄격하고 깐깐하신 분일까? 첫 대면에 앞서 이런 기대와 약간의 걱정이 들 정도였다. 그런데 정작 그날 나타난 김 전 감사관은 예상과 달리 넉넉한 미소와 온화한 목소리를 품은 이웃집 어른 같은 분이었다.

그날 자리에서 그는 자신이 이야기를 주도하기보다는 시종일관 다른 이들의 말을 듣고 곰곰이 새기는 모습이었다. 또 무엇보다 혹여라도 본인의 이야기와 주장을 할 때는 두 손을 가지런히 맞대며 조심스레 말씀하는 모습이 참 인상 깊었다. '항상 남을 지켜보고 평가하길 좋아하는 기자들의 악취미(?)에 혹시 미리 만반의 대비를 한 것은 아닐까?' 하는 생각이 들 정도였다. 그런데 그게 아니었다. 이후 해를 더해가며 조금은 더 편해진 모습으로 그를 만나는 자리가 몇 차례 늘어났다. 더욱이 청와대 시민사회수석이라는 중책을 맡은 모습으로 만나기도 했지만, 그는 첫날 본 모습에서 단 한 치도 달라지지 않았다.

우리는 정치와 사회 등 여러 분야에서 무엇이 시대정신인지 질문을 던지고, 함께 토론해왔다. 그가 평생에 걸쳐 지켜오고자 했고 살아온 공정과 정의 그리고 투명의 가치관이 소명처럼 더 중요하게 쓰임 받길 간절히 바란다.

실천하는 삶을 보여주신 분
— 내가 만난 '사람' 김거성

✿

김정례
(전 경기도교육청 유아교육과장)

청렴 연수

그를 처음 만난 날은 청렴 연수를 받던 날이었다. 그날의 기억은 특별한 것이 없었다. 3급 고위직인 감사관이 새로 왔는데, 직접 청렴 강사로 나선 것은 좀 의아했지만, 강사들 모두가 다 옳은 말을 하기 때문이었다. 연수를 마치고 잠시 담소를 나누었을 때 '조금 다른데?' 하는 생각이 들었다. 하지만 짧은 시간 그런 모습을 보이는 많은 사람을 만나왔기에 그 역시 인상적인 기억이라고 할 수는 없었다. 아름답고 훌륭한 언어를 구사하는 사람들 대부분이 마치 자신이 그런 삶을 살고 있는 것처럼 과장하는 것을 가까이에서 수없이 봐 왔기 때문이다. 물론 나도 마찬가지로 실천할 수 없는 말을 하며 살아가는 그저 그런 사람들 가운데 하나일 뿐이지만….

뚝심 감사관

이전까지 교육청에서는 인사발령이 나면 으레 선배나 동료 등에게 축란祝蘭을 주고받는 것이 관례로 되어 있었다. 그래서 2월과 8월에는 늘 백만 원 정도씩 써야 했는데, 새로 감사관이 부임하면서 직무 관련자와 난이나 떡을 주고받는 것을 금지한다는 공지가 떴다. 현장에서는 수십 년 뿌리내린 것인데 과연 하루아침에 바뀔 수 있을지 또 지속될 수 있을지 의심의 눈초리를 거두지 않았다. 물론 나도 그 가운데 한 사람이었다. 나중에 김영란법 시행도 일조했지만, 난蘭 주고받기는 경기도교육청에서는 2015년 3월 인사 이후에는 찾아보기 힘든 옛날이야기가 되어 버렸다.

그래서 교육청 주변에서는 '뚝심 감사관'이라고 수군거렸다. 그런 김거성 감사관을 만나 그와 함께 일하게 된 것은 내가 유아교육과에 근무하게 되면서였다. 경기도교육청에 전국 최초로 유아교육과가 신설되었고, 나는 운 좋게 초대 유아교육과장으로 부임하게 되었다. 처음에는 초등교육과, 나중에는 유아특수교육과로 갔다가 분리되어 신설된 부서이기에 할 일들이 너무도 많았다. 유아교육 체제 정비를 비롯하여 여러 가지 정책을 펼치며 현장을 지원하고 경기 유아교육 발전의 안정적 기초를 세우기 위해 직원들과 함께 동분서주하고 있었다.

하루하루가 정신없이 흘러가는 가운데 이른바 '사립유치원 사태'가 발생했다. 이전까지 감사다운 감사가 없었던 사립유치원이라는 무풍지대에 경기도교육청에서 특정 감사를 시작했던 까닭이다. 사립유치원 쪽의 반발은 예상했지만 그 강도는 생각보다 훨씬 더 강력했다.

유아교육과는 감사 실시의 주체는 아니었지만 사립유치원을 담당하는 부서로 사립유치원의 움직임에 언제나 민감한 상황이었다. 그 무렵 내게는 몇 가지 의문이 들었다.

첫째, 이 일을 주도적으로 이끌어가는 분이 누구일까 궁금했다. '당연히 교육감님이시겠지? 아마도 감사관님이 주도적으로 하시는 일은 아닐 거야!' 둘째, '사립유치원을 손대다니… 정말 물정을 너무 많이 모르나 보다!' 그동안 손대지 못한 사립유치원 정상화가 정말 이루어질 수 있을까 회의적인 물음이었다. 셋째, '끝까지 해낼 수 있을까? 아니, 그냥 조금 시늉만 하다가 그만두지 않을까?' 하는 상식적인(?) 생각이었다.

그러나 김거성 감사관을 중심으로 한 경기도교육청 감사관실은 그로 인해 겪지 않아도 될 많은 시련을 겪게 되었음에도 불구하고 초심을 잃지 않고 정말 조금도 흔들림 없이 뚝심 있게, 정말 의연하게 감사를 진행해 나갔다. 내 회의적인 전망은 와르르 무너졌고, 그런 생각을 했던 것에 미안한 마음까지 갖게 되었다.

스스로 유아교육과 '주무관'이 되다

그런데 김거성 감사관이 내가 보아온 많은 사람과의 다름은 흔들림 없는 감사에서 뿐만이 아니었다. 정말 너무나도 달랐다. 그렇게 강직하고 추상같은 감사관이 언제나 겸손하고 온화한 태도, 항상 깍듯한 인사, 지위를 떠난 평등한 대접을 실천했기 때문이다. 이런 것들은 몰라서 하지 못하는 것이 아니다. 그야말로 유치원에서 배우는 기본 예절에서 다 가르치는 덕목들이기 때문이다. 그러나 이를 실천하는 사람을 만나기는 매우 힘들다. 더구나 직급이 높아질수록 오히려 이런 덕목들을 실천하는 질은 형편없이 떨어지는 것을 너무 많이 경험해 왔기에 이는 경이로운 체험이었다.

유아교육과 입장에서는 감사로 말미암은 소용돌이가 대내외적으로 안타까운 일이었으나 대책을 수립하고 현안을 해결하기 위해 동분서주할 수밖에 없었다. 특히 현안을 해결하기 위해서는 무엇보다도 감사관실과 협업이 필수적인데 걱정이 앞섰다. 일반적으로 감사관실은 왠지 두렵고, 지은 죄가 없어도 다가가기가 쉽지 않은 부서로 여겨졌기 때문이다.

더욱이 보통 고위직 공무원들은 현업 부서를 방문하기보다는 주로 담당자를 호출하여 일을 처리하는 것이 일상화되어 있었다. 겸손과 배려, 평등을 강조하지만, 이들은 단어로만 존재할 뿐 실제 업무 현장의 모습은 예전과 별로 달라지지 않은 까닭이었다.

그런데 김거성 감사관은 단 한 차례도 '호출'하지 않았으며, 실무자들과 메신저를 통해 업무를 효율적으로 처리하였다. 실로 놀라운 경험이었다. 고위직 간부에게 메시지를 보내는 것도 불경스러운 행위로 여겨질 일일진대 몇 급 아래의 직원들과도 대등한 입장에서 메신저로 업무 협의를 하고 의견을 교환하던 모습은 잊을 수가 없다.

　나아가 김거성 감사관이 유아교육과를 방문한 날은 우리 부서 전 직원을 어리둥절하게 만든 사건이 되었다. 너무 반가운 나머지 유아교육과 직원 중 누군가가 "유아교육국 만들어 우리 국장님이 되어주세요!"라고 하자 그는 바로 웃으면서 "저, 유아교육과 주무관인데요?"라고 응답했다. 그 이후에도 여러 자리에서 자신은 "유아교육과 주무관이 되어 함께 할 수 있어서 영광"이었다고 말하곤 하였다. 공무원이라는 위계 사회의 분위기나 맥락을 잘 모르는 분들에게는 이런 이야기가 어리둥절하게 느껴질 수도 있겠지만, 그런 대화를 나눌 때마다 그 어렵고 힘들었던 시간이 오히려 정겹게 느껴진다.

'투명사회협약유치원'으로 더불어 주체로 나서야

　사립유치원 일각의 거센 반발에도 불구하고 김거성 감사관은 단 한 번도 원장들 모두를 싸잡아 비난하거나 공격하지 않았다. 정말 이상하다는 생각까지 들 정도였다. 자신을 공격하고, 비난하고, 심지어 수차례 검찰에 고발하고 수원지방검찰청 입구에서 '김거성 구속'을 내 걸고 일인시위까지 벌이는 상황이었지만, 그는 전혀 평정심을 흐트러뜨리지 않았다. 오히려 사립유치원 원장들과 대화하고자 하였다. 그리고 그들에게 개혁 대상이 아닌 그 '주체'로 투명사회를 만들기 위해 함께 나설 것을 제안하였다. 감사관의 투명사회협약에 대한 아이디어에 유아교육과가 주관이 되어 그 내용을 채웠고, 새롭게 변모하는 유치원의 모습을 국민에게 보여주자는 마음으로 시작된 일이었다.

참여한 유치원 숫자는 비록 소수였지만, 결국에는 '투명사회협약 유치원'을 이끌어 내었다. 감사관과 감사 담당공무원들, 시민감사관들, 유아교육과 직원들이 직접 경기도의 전 지역을 권역별로 돌아다니며 제안, 설명하고 원장들과 대화하고 협의하여 거두어 낸 성과였다.

강직하지만 부드러웠다. 먼저 제안을 해 주기도 하고, 미처 우리가 생각하지 못했던 점을 일깨워 주기도 하였다. 유치원 때부터 민주시민교육이 이루어져야 한다고 강조하여 그 내용이 투명사회협약에 포함되었다. 그동안 일상적으로 구호처럼 강조해 왔던 부서 간 협업이 제대로 이루어지는 모범사례가 되는 순간이었다.

긴박했던 그때를 회고해 보면 지금도 기분이 좋아진다. 일하는 것이 신나고 즐겁고 재미있던 시절이었다. 부서 간 직원들끼리도 신나게 일했다.

내 마음속 양심 스승

경기도교육청에서 김거성 감사관이 떠나던 날은 하늘이 무너지는 듯했다. '누군가를 편파적으로 봐주는 사람도 아니었고, 언제나 어려운 분이었는데 내가 왜 이럴까?' 하며 마음을 달래보았다. 그저 감사관이 함께해 주시는 것만으로도 투명한 경기교육이 되는 것 같았고, 공정한 행정이 이루어지는 것 같았는데….

더 이상 그와 함께 근무할 수는 없지만, 언제인가부터 그분 보기에 부끄럽지 않은 삶을 살아야겠다는 생각이 내 마음에 자연스럽게 자리를 잡았다. 이제 나는 어떠한 일을 할 때 '그가 보기에 흡족할까? 부족하다 할까? 안 된다고 할까?' 이렇게 생각하며 본인 허락도 받지 않고 내 마음속 양심 스승으로 모시고 살고 있다.

바보를 만나다

최양규
(홍익대학교 역사교육과 교수)

柔弱勝剛強(부드럽고 약한 것이 단단하고 강한 것을 이긴다)
_『노자 36장』

우리나라 1세대 민주주의 건설가, 목사, 한국투명성기구 회장, 국제투명성기구 이사, 경기도교육청 감사관, 송죽원 대표이사, 청와대 시민사회수석, 상지대 객원교수… 그의 화려하고 거창한 이력들이다. 하지만 나는 순수한 어린 시절에 만나 평생을 정신적 반려자로서 자신을 나타내지 않는 소박하고 진솔한 삶, 거짓 없는 한결같은 인생관을 갖고 변함없이 평생을 올곧게 살아온 '바보' 거성을 말하려고 한다.

거성이라는 이름은 한자로 큰 성품이란 뜻이지만, 그는 별명처럼 '큰 별'이었다. 목소리는 잔잔했지만 천둥이 치는 듯했고, 조용하지만 대담한 성격을 지녔으며, 자신보다는 다른 친구들을 먼저 살펴보고 옆에서 조용히 지켜주는 학생이었다.

50년 전 고등학교 1학년 반장선거에서 한 학생이 교단에 나와 뭉툭한 분필로 까칠한 칠판에 큰 글씨로 김거성이라 쓰고 "나는 별명처럼 큰 별이 되겠다"며 짜랑짜랑한 목소리로 자신을 소개했다. 나는 이 확신에 찬 반장 유세를 멍하니 들으면서 '뭐지?'라고 생각하며 여태까지 경험하지 못한 짜릿함을 느꼈다. 말에는 힘이 넘쳐나고 얼굴은 자신감이 넘쳤으며 행동에는 거침이 없었다.

그 이후 나는 그와 함께하며 자신감과 강한 리더십을 배웠다. 무엇보다도 옳은 일과 옳지 않은 일이 무엇인지 판단하기 시작했으며, 그의 행동을 체득하며 노자의 글귀를 평생 행동의 지침으로 삼은 내 인생의 좌표가 되었다. 그는 자신을 나타내지 않고 강하고 힘 있게 행동하며, 휘는 듯 하지만 휘어지지 않는 유연성과 폭넓은 자신감을 품은 '바보' 거성이었다.

그 아들에 그 아버지

子貢曰 何爲其莫知子也 子曰 不怨天 不尤人 下學而上達 知我者 其天乎
자공이 말하길, 어찌 선생님을 알아주는 사람이 없습니까? 하자
공자는 하늘을 원망치 않으며, 사람을 탓하지 않고, 아래로는 학문에 힘쓰며, 위로는 천 리를 통달하면 나를 알아주는 것은 하늘일 것이라 했다.

_『논어 헌문 37장』

거성은 1977년 연세대 2학년 풋내기였던 학생 시절에 당시 서슬 퍼런 유신독재를 비판하는 교내 유인물 사건으로 박정희 긴급조치 9호를 위반했다는 죄목으로 체포되어 갖은 잔악한 고문을 당하고 수감됐다. 나는 이 소식을 듣고 아버님을 찾아뵈었다. 폭행과 고문으로 만신창이가 되었던 거성을 면회하고 다녀온 아버님께 우리는 같잖은 위로를 한답시고 얼마나 걱정하시냐고 말했지만, 아버님은 의외로 당당하고 담담하게 "거성이가 무엇을 잘못했나벼"라고 말씀하셨다. 의외로 그분은 부도덕하고 폭력적인 정권을 탓하거나 자식을 탓하지도 않으셨다. 또한 허공을 바라보며 글썽이는 눈망울에는 자식에 대한 안쓰러움이 아닌 대한민국의 미래에 대한 안쓰러움을 걱정하시고 억울해하시는 모습이었다.

나는 당시에는 이해하기가 힘들었지만, 그분을 이해하는 것에 그리 오랜 시간이 걸리지 않았다. 나의 좁은 생각에는 정부를 원망하며 내 아들이 무엇을 잘못했냐며 무척이나 억울해하실 줄 알았지만, 아들을 믿는 듯 아버님은 당신 아들의 행동을 자랑스럽게 받아들이고 거성이 쓰러지지 않을 거라는 확신에 찬 반어적 표현을 하신 거였다. 이후 부모님들은 평생 거성이의 행동을 자랑스럽게 생각하시고 담담하게 받아들이셨다.

이후 그 아들 거성은 갖은 고문을 겪은 후 고통 속에 많은 병을 얻었지만, 그가 한 행동을 후회하거나 힘들어하지 않았다. 우리가 독재정권의 포악함을 비난해도 거성은 빙그레 웃으며 아무 얘기도 하지 않을 뿐 아니라, 절대로 정권을 욕하고 탓하거나 자신의 의로운 행동을 자랑거리로 삼지 않았다. 그래서 우리는 거성을 그냥 친구라 부르지 않고 '군자'라 부른다.

나는 1982년 전두환 폭력 정부가 취약했던 정통성과 패악성을 가려보고자 실시한 3S정책의 일환으로 수십 년간 국민의 이동 자유권을 제한한 통행금지 해제 조치를 그의 부모님이 경영하시던 서울역 앞 분식 가게에서 맞게 되었다. 12시가 되자 모든 시민이 거리로 뛰쳐나와 환호성을 질렀지만 유독 거성은 아무 말 없이 시무룩했다. 나는 그의 행동을 전혀 이해하지 못하고 "불편했던 통행금지가 해제되었으니 얼마나 좋은 일이냐"고 철없이 해죽해죽거리며 좋아했지만, 거성은 "앞으로 통행금지보다 더 강한 어둠의 사이렌이 국민을 옥죄어 올 것"이라면서 어둠의 미래를 예측하고 있었다. 그렇다. 거성은 항상 한 발짝 앞서 시대를 읽는 친구였고 미래에 대한 생각과 고민이 많은 사람이었다.

거지 목사, 가난하지만 가장 부자인 성도들

子夏爲莒父宰 問政 子曰 無欲速 無見小利 欲速則不達 見小利則大事不成

자하가 거보의 재상이 되어 정치에 대하여 묻자,

공자는 빨리하려는 욕심을 갖지 말고, 작은 이익을 보려 하지 마라,

빨리하려면 제대로 하지 못하고, 조그만 이익에 연연하면 큰일을 이루지 못한다 했다.

_『논어 자로 17장』

그가 창립한 구민교회는 세칭 보잘것없는 조그마한 구멍가게이다. 그를 세속적 관점에서 무능한 목사라고 평할지도 모른다. 많은 교회 목회자들은 모두 하나님의 말씀이자 명령이라는 허구적 명분을 갖고 성전을 크게 짓기 위해 신도들의 고혈을 착취하려는데 온 힘을 쏟을 때 거성은 전태일 열사의 정신을 이어받아 본질적 신앙의 기본에 충실하며 어렵고 힘든 양들을 구원하기 위한 진정한 목회를 목표로 삼고 교회를 개척하였다.

그는 어려움을 호소할 데가 없던 사람들이 찾아온 이들의 피난처를 만들어 모두를 받아들이고, 온갖 불의와 차별을 당하고 소외된 사람의 어려운 길을 함께 아파하며 살아온 공동체의 모습을 실천한 행동파 목사이다.

그 교회의 성도들은 항상 즐거워했고, 항상 행복했고, 항상 모든 이들이 하나가 되어 강한 힘을 가졌다. 항상 밝고 자신감이 넘쳤던 그의 부인 경자 씨는 민주화운동을 하느라 경제 활동을 제대로 하지 못한 남편을 대신해 가정을 돌보며 언제나 부지런했고, 언제나 얼굴에는 웃음이 가득 찼고, 언제나 남편 거성을 신뢰했다. 오랜 기간의 경제적 어려움에도 가난하지 않았고, 언제든지 채워 주실 거라는 굳건한 신앙의 믿음을 갖고 갖은 고난과 핍박 속에서도 남편을 굳게 믿고 함께해 온 놀라운 정신적 파트너였다.

빨리 가려 하지 않았고, 작은 이익을 보려 하지 않았다. 시간이 허락하는 것에 충실했고 주는 이익에 감사할 줄 알았다. 큰일을 하려 욕심부리지 않았고, 크나큰 목표를 세워 헛된 꿈을 꾸려 하지 않았다.

바로 그곳이 하나님이 계시는 곳이고, 거성이 이루고자 하는 신앙의
놀이터였다.

'예' 할 것은 '예'하고, '아니오' 할 것은 '아니다'라고 말할 수 있는 용기의 소유자

君子之道 闇然而日章 小人之道 的然而日亡 君子之道 淡而不厭 簡而文
溫而理

군자의 도는 어두운 것 같지만 날이 갈수록 빛나며,

소인의 도는 찬란한 듯 보이지만 날이 갈수록 빛이 사라진다.

군자의 도는 담백하며 싫증 나지 않고 간결하며 질서가 있으며 온화하고
이치가 있다.

_『중용 33장』

인간은 좋은 말과 옳은 말은 쉽게 하지만, 누구나 옳은 행동을 하
기는 쉽지 않다. 그러나 진리와 정의가 반드시 이길 거라는 초지일관
의 믿음과 확신을 갖고 지금까지 행동으로 저항하고 투쟁하는 거성의
모습은 정말 친구답다는 이야기밖에 할 수 없다.

수천 년 동안 권력을 누렸던 콘크리트와 같은 단단한 기득권을 깨
뜨린다는 것은 결코 쉬운 일이 아니다. 거성은 경기도교육청 감사관
시절 정치 권력의 비호를 받으며 너무나 굳건하여 깨지지 않는 카르
텔을 통해 성장한 사립유치원의 비열한 저항에도 불구하고 이들의 비

리를 갖은 협박과 음모를 이겨내고 과감하게 파헤치는 데 앞장섰다.

목소리는 낮지만 힘이 있었고, 행동은 느리지만 실행은 전광석화와 같고, 강한 힘과 불의에 눌리는 듯하지만 갈대와 같이 유연하게 다시 일어날 수 있는 다윗과 같은 사람으로 그 결실을 맺고 있다. 그는 '예' 할 것은 '예'라 말하고 '아니오' 할 것은 '아니오'라고 강하게 말할 수 있는 강단 있고 자신을 확신하는 용기의 소유자다.

요새 대통령이 되겠다는 어떤 후보가 "대한민국 민주주의는 서양에서 수입한 것이다"라고 말한 적이 있다. 참 개탄스러운 일이다. 일국의 대통령이 되겠다는 사람의 역사 지식과 의식이 이 정도일까?

우리나라는 세계의 유래가 없는 자생적 민주주의가 힘없고 연약한 백성들에 의해 탄생한 곳이다. 특히 백성들뿐만 아니라 항상 어리고 연약하고 힘없는 학생들이 그 중심에 있었다. 1894년 인내천의 만민평등 민주화정신 사상으로 시작한 동학농민운동과 이어 그 운동을 뿌리로 삼아 이어지는 정미의병운동, 3.1만세운동, 광주학생운동, 민주공화국 토대가 된 상해임시정부, 해방 후 이승만 독재정권을 무너뜨린 4.19혁명, 박정희 유신 독재정권을 종식시킨 노동운동과 부마민주항쟁, 전두환 신군부 헌법 유린 무신 정권에 항쟁한 광주민주화운동, 6월 민주항쟁, 최근의 촛불혁명까지 이루 다 말할 수 없는 목숨을 건 수많은 항쟁이 세계 역사에 유례가 없는 선진 민주국가들이 부러워하는 자랑스러운 민주화운동의 역사를 가진 나라이다. 이를 자랑스럽게 여기며 감사하지 못할망정 서양에서 수입했다며 폄훼하고 자신들만의 리그인 비민주적 경제발전을 치켜세우는 일이 일어났다. 참

어이없고 기가 찰 노릇이다.

　단연코 민주화 없는 독재체재에서 경제 발전은 본질 없는 수치 놀음에 불과하고 백성들의 삶을 피곤하게 하는 악일 뿐이다. 아직도 왕조 사관과 양반 계급 사회의 잘못된 역사 인식에 빠져 대한민국의 경제 발전을 특정 지도자나 국가의 비호를 받고 성장한 기업체들이 이룬 것이라고 주장하는 이들이 있다. 그러나 인간 대접 못 받고 불우한 노동환경에서 오직 가난에서 벗어나 잘살아 보겠다는 정신적 승리로 자신의 직무에 충실하며 근면하고 성실하게 목숨을 바쳐 일한 국민이 지금의 경제 발전을 이루어 낸 주인공이다. 또한 그러한 사회의 잘못된 체제를 올바르게 바꾸려고 목숨을 걸고 투쟁해 온 민주화 인사들의 노력이 그 중심에 있었으며, 그들의 희생이 지금의 대한민국을 건설하고 선진국으로 진입하는 데 가장 큰 역할을 한 것이다.

　내 친구 거성은 늘 대한민국 민주화의 중심에 서 있었다. 거성. 그는 큰 별이다. 그는 지금도 바보처럼 자신을 돌보지 않고 대한민국의 다음 세대에게 큰 선물을 주기 위해 대한민국의 큰 별로써 존재하며 그 역할을 다하리라 믿는다. 나는 거성을 자랑스럽게 생각하고 이 나라에 살아가며 행복을 느끼게 해 준 친구에게 항상 감사하면서 살아가고 있다.

　거성, 너는 BIG STAR야!

한결같은 30여 년

이중현

(전 교육부 학교혁신지원실장)

친구들과 이런저런 대화를 나누다가 가끔 교회 문제로 격론을 벌일 때가 있다. 처음에는 서로 눈치를 보면서 말을 꺼낸다. 그 자리에 있는 친구 중에 누가 교회를 다니는지 알 수 없기 때문이다.

한참 침을 튀기며 말을 주고받다가 "그래, 우리 착하게 살자, 바르게 살자" 정도로 마무리를 짓는다면 퍽 다행이겠지만, 보통 싸움 일보 직전의 분위기로 치닫는다. 더욱이 고향 친구들끼리는 종교, 정치 이야기는 안 하면 좋을 텐데, 술 한 잔 마시면 정치 얘기는 꼭 튀어나오고, 종교 이야기는 양념 삼아 꺼내다가 얼굴이 붉어져야 끝을 맺는 편이다.

난 친구들한테 "넌 교회 안 다니지?"라는 말을 간혹 듣는 편이다. 대화에 열심히 끼어들지도 않고, 별 주장도 안 하니까 그렇게 생각하는 것 같다.

그런 자리가 흥미가 없는 건 늘 뻔한 이야기가 오고 갔기 때문이다. 교회에 다니지 않는 친구들이 교회를 비판하는 내용은 교회의 일면만을 얘기하고 있다. 주로 부정, 비리로 타락한 교회를 예로 들면서 교회 전체를 비판했다.

또 교회를 다니는 친구들은 현재 교회에 문제는 있지만, 일부라는 것을 강조한다. 그런데 이명박 장로를 편들고, 소위 좌파 교회를 비난하고, 한미동맹이 무너질까 걱정한다.

나로서는 이 두 가지 모두 교회의 일면만 보거나 왜곡된 신앙에서 비롯된 것으로 생각해서 별 흥미를 갖지 않았다. 친구들의 열띤 대화에 "그건 아니고 이런 거야"라고 말한다면 "누가 선생 아니랄까 봐"라며 콧방귀를 낄 것 같아 조심스러웠다. 또 환갑이 넘었고, 멸공, 반공, 승공 교육을 단계적으로 받고 자란 친구들이라서 얘기해 봤자 씨도 먹히지 않는다.

"나? 교회에 다녀." 이 말을 하면 대부분 친구는 "교회를 다닌다고? 왜?"라며 좀 놀라는 편이다. 난 다시 "난 교회 다니면 안 돼?"라고 물어본다. "아니, 넌 교회에 다닐 것 같지 않아서"라는 대답이 돌아온다.

교회에 다닐 것 같지 않다? 그 뜻을 혼자 이렇게 곱씹어 본다. 내 삶의 모습이 종교를 가진 사람처럼 보이지 않게 가벼웠단 말인가? 아니면 애초부터 종교를 가질 인물이 아니라는 말인가? 어쩌면 둘 다 맞는 말 같기도 하다. 하지만 난 그렇게 되지 않으려고 교회를 다니며 애를 쓰기도 한다.

내가 교회에 대해 생각을 달리 한 것은 89년인 33살 때였다. 그때

전교조로 해직이 되어서 구민교회와 함께 사무실을 쓸 때였다. 그 당시 나는 정신적으로 상당히 고민이 많았던 시기였다. 교사로서, 한 인간으로서 어떻게 살아야 하는가를 결단해야 하는 시기였다.

전교조 가입과 해직은 33년 동안 살아온 내 삶을 거의 버려야 했던 나름의 결단이었다. 새로 태어나고 싶었고, 그때가 비로소 삶의 나이가 한 살이 되었다고 생각했다. 그러니까 지금 내 정신적 나이는 서른 살 정도인 셈이다. 그 성장 과정 일부로 구민교회를 만났고, 김거성 수석님도 만났다.

난 초등학교 때 주일에 성당을 몇 번 간 적이 있었다. 거기 가면 빵을 주기 때문에 갔고, 동네 친구들도 함께 갔다. 물론 나중에 빵을 주지 않는다는 얘기를 듣고 그때부터 나가지 않았다. 아마 많은 분이 비슷한 경험이 있을 것이다.

중학교 때는 우연한 기회에 친구와 함께 부흥회에 간 적이 있었다. 어떤 사람들은 부흥회 도중 통성기도를 하다가 방언을 했다면서 나중에 간증까지 하는 걸 들은 적이 있었다. 자세히는 기억나지 않지만, "요단강을 건너 꽃밭이 있었고…" 하는 식의 내용이었다. 당시 내가 겪은 교회의 인상을 몇 마디로 말하라면 통성, 신비, 기적 등이었다.

초임 교사 시절에 『막달라 마리아』라는 소설을 읽었다. 인간 예수의 삶이 궁금했고, 예수 주변의 사람 중에 막달라 마리아에 대해서는 여러 이야기가 있어 호기심을 갖고 있었다. 그 소설의 자세한 내용은 기억나지 않지만, 지금도 선명하게 떠올리는 대목이 있다. "갈릴리호 숫가, 유월의 밀밭 길을 긴 머리를 휘날리며 걷는 혁명가 예수"라는 것이다. 그 소설을 읽으면서 인간 예수에 관심이 더 많아졌다.

경북에서 양평으로 전근을 왔을 때 성경을 사서 읽었다. 서점에 가서 성경을 사려고 하는데 제법 비쌌다. 지금 교회에서 보는 성경책과 비슷한 것들이다. 교회에 다닐 것도 아닌데 애써 비싼 걸 살 필요가 없어 이것저것을 다시 뒤져 봤다. 값이 싼 게 눈에 띄었는데 신약만 담은 손바닥 크기의 '영한 성경'이었다.

그걸 틈이 나거나 잠이 오지 않으면 읽었다. 틈나면 성경을 읽었다고 하면 남들은 대단한 신앙심으로 볼지 모르지만, 신앙과는 전혀 관련 없는 흥미 혹은 관심에 지나지 않았다. 그리고 중학교 때 부흥회의 모습이나 그 이후 만난 교회의 모습은 너무 맹목적, 기복적인데다 오히려 예수의 가르침을 왜곡하는 게 아닐까 의심할 때였다.

89년 구민교회와 만났을 때 다시 『막달라 마리아』라는 소설의 인간 예수, 혁명가 예수, 역사 속의 예수라는 말이 생각났다. 지금까지 내가 교회에 대해 품었던 의심을 사실로 확인하고 오해나 그릇된 지식이 허물어 시작했다. 목사님의 설교를 들으면서 허물어진 자리에 조금씩 교회의 참모습이 자리 잡기 시작했다.

하지만 지금까지 구민교회를 다니는 것은 종교적 신념이라기보다는 인간 김거성에 대한 믿음이 더 강하지 않을까 하는 생각을 숨길 수 없다. 30년이 넘는 시간을 한결같이 섬김의 자세로 이웃을, 우리 사회를 껴안은 분, 지혜 · 사랑 · 정의라는 말을 실천으로 보여준 분.

아무튼 여전한 의문, 친구들이 "너는 교회에 다닐 것 같지 않다"라는 말에 대한 내 대답을 언제, 어떻게 제대로 할지. 지금 구민교회가 창립한 지 33년째, 교회 창립 60주년 정도 가면, 그때까지 살지 모르겠지만 제대로 대답할까?

　이것보다 더한 의문은 이런 것이다. 우리 시대를 온몸으로 껴안아 온 김거성 목사님이 앞으로 껴안을 세상의 모습과 그로 인해 작든 크든 간에 변화될 우리 사회의 모습은 어떤 것일까?

벗이여, 그 강을 건너지…

공유상*

'또또또 똑똑!'

혀를 입천장에 붙였다 떼는 소리!
그 소리는 영문 모르고 감옥으로 끌려간 어린 소년수를 불러 주던
벗의 따뜻한 불림이었다.

1977년 늦가을
서로의 방을 마주 보며 만난 학우.

---

* 현재 조그만 공장 노동자다. 검정고시로 연세대학교 경영학과에 입학, 행정고시를 준비
하다 대통령긴급조치 9호 위반으로 구속되어 서대문 서울구치소에서 김거성을 만난다.
그 후 노동운동에 참여했고, 무역업, 재활용업을 벌였다. 지나간 삶과의 화해라는 주제
로 SNS에 연재한 글을 묶어 『내 인생의 데자뷔, Temple of the king』을 펴냈다. 하루
하루를 새롭게 살기를 소망한다.

그 벗은 늘 예의 '또또또 똑똑'으로
절망한 나를 일으켜 세워주고
위로해주고
따뜻한 도움을 나누었다.
현저동 101번지, 서울구치소 10사 상에서
그렇게 십대의 말년을 더불어 살았다.

우공이산愚公移山!
계란으로 바위를 치던 사람…
강고했던 군사 독재 정권을
변화를 저어하던 기독교 사회를
한발 더 나아가기 위해선 스스로를 탈바꿈시켜야 하는 사회를!
아니 그 무엇보다도 자신을!

근본부터 부정하고
새로운 합合의 명제를 끌어내기 위해
꼼지락꼼지락 끊임없이 무언가를
해왔던 어리석고 미련한 사람!

엄혹했던 박정희 유신독재 말기, 그리고
광주의 아픔을 겪었던 1980년대 초
아주 작은 교회를 같이 섬겼다.

주일마다 무전기를 들고 교회를 겹겹이 포위한 형사들.
금방이라도 그들이 들이닥칠지 모른다는 팽팽한 긴장 속에서
식은 밥 삼키듯 급하게 드리던 예배.

친구는 그곳에서도 미련하게
교육전도사를 맡아
교육안을 만들고, 프로그램을 개발하고, 중고생들과 함께했다.
'아니 투쟁만 하기에도 역부족인데,
교회가 폐쇄되면 교육이고 뭐고 다 소용이 없는 일이 될 텐데….'

그리고 1980년 8월 서대문경찰서 외사과 사무실
아니, 그 고문실에서
입었던 옷 모조리 벗기우고
억울하게 억울하게
죽도록 두들겨 맞고

"이 새끼야, 여기가 이재문이 달았던 자리야!"
쪽방 세 조각 널빤지 그 책상 위에서
주전자 가득 붓는 물을 코로 들이키고
바닥에 고꾸라졌을 때

상처에서 나온 핏물에

터진 속살과 속옷이 덕지덕지 엉겨 붙어
우리가 아침마다 행사처럼 피부를 떼어내던 때

그의 지친 입술 사이로 흘러나오던
"내 주는 강한 성이요. 방패와 병기되시니" 찬송을 들으며
세상의 핍박과 조롱 앞에서도
개혁을 위해 자신의 삶을 내놓았던
마르틴 루터를 생각했다.

나의 친구는 그처럼 우직하고 미련하게 하나님바라기였다.

세월은 40년을 급하게 퇴적시켰다.
그리고 이제 우리 사회는
성숙과 성찰을 요구할 만큼 자랐다.

우공!
어리석은 자네가 옳았다.

내일 세상이 망하더라도
사과나무를 심겠다던
서양의 한 철학자의 신념과
소망이 없는 시절에

나이 많은 사람들은
어린아이의 눈을 보고
어린이들은 하늘을 올려다본다는
서양의 어느 교육자의 생각이
벗님의 앞길을 비출 거라 믿는다.

어둠 속에서 빛나는 별

이선희
(전 방위사업청장, 전 한국투명성기구 공동대표)

첫 만남

맑고 겸손한 모습, 따뜻하고 정겨운 태도, 진지한 눈빛은 내가 김거성을 처음 만날 때의 느낌이었다. 그때의 신선했던 느낌은 지금까지 한 번도 변하지 않았다.

김거성과 함께 첫 번째 마주한 것은 내가 방위사업청장 직책을 수행할 때 가진 첫 인터뷰에서였다. 방위사업청은 과거 오랫동안 반복적으로 발생해 오던 국방획득사업 관련 대형 부패 스캔들로 국민의 지탄을 받아 오던 차에 노무현 정부 초기에 또다시 이런 사건이 발생하여 이를 근원적으로 근절하고자 노무현 대통령의 지시에 따라 특단의 개혁 작업을 통해 2006년 탄생한 중앙행정기관이다. 그는 국방획득제도개선위원회에 시민사회 대표로 개혁 작업에 참여하여 방위사업청의 투명성을 강화하고 부패를 근절하는 데 결정적 역할을 하였다. 또 그는 국제투명성기구 총회에서 우리나라 국방획득사업의 개선 결과를 모범사례로 소개하여 커다란 호응을 받았으며 결과적으로 이후 국제투명성기구에서 최초로 실시한 국방 분야 반부패 평가에서 B등급(세계 3-11위)을 획득하는 좋은 성과를 가져왔다고 생각한다.

그는 우리 사회가 부패의 늪에서 방향을 잃고 헤매고 있을 때 현 한국투명성기구의 전신인 전국적인 반부패국민연대를 조직하여 처음으로 우리 사회에 반부패청렴 운동을 착근시키고 시민사회 운동의 중심에서 한결같이 헌신해 온 사람이다. 인터뷰 중 내가 감명 깊게 읽은 책으로『성자가 된 청소부』,『천국의 열쇠』를 이야기하였는데 그를 깊이 알아갈수록 항상 자신을 낮추고 실천하는 삶을 통해서 어둡고 혼탁한 세상을 밝게 하고, 우리 사회에 깨우침과 희망을 주기 위해 헌신하는 모습은 책들의 주인공인 치섬 신부와 성자가 된 청소부를 참 많이도 닮아있다는 느낌을 받았다. 나는 김거성의 그러한 내적 향기에 반하여 퇴임 후 한국투명성기구에 기꺼이 참여하였고, 지금까지 회원으로 함께하고 있다.

한국투명성기구에서 함께

서대문 전철역에서 걸어서 5분 거리에 있는, 주변보다 조금은 허술해 보이는 건물의 10층에 자리 잡는 한국투명성기구 사무실에는 시선을 사로잡는 사진 하나가 걸려있다. 당시 노무현 대통령을 중심으로 박근혜 야당 대표, 이건희 회장 등을 비롯한 각계각층의 사회 지도자들이 투명사회협약을 맺은 후 기념사진을 찍은 모습이었다. 김거성이 제안한 투명사회협약은 반부패청렴 의식을 확산시키는 시민사회 운동의 중요한 방법 중의 하나가 되었고, 국제투명성기구에서도 인정하는 반부패청렴 활동의 아이콘이 되었다.

김대중 정부에서 출범한 부패방지위원회(노무현 정부에서 국가청렴위원회로 개칭)가 이명박 정부에서 고충처리위원회 등과 통합되면서 반부패청렴에 관한 정부 조직이 대폭 축소되었다. 그때까지 계속 상승하던 부패인식지수(세계 180여 국가를 대상으로 국제투명성기구에서 매년 발표하는 부패 인식 수준 평가)가 2008년을 정점으로 계속 하락하였고 시민단체들의 반부패 활동들이 많이 위축되었다. 시민단체 활동 여건이 어려워진 악조건에서도 그는 보이지 않는 직간접적인 압박을 견디면서도 조금도 위축되지 않고 더욱 시민 속으로 깊게 들어가면서 반부패청렴 활동 공간을 더 넓혀갔다. 그 모습에 감동하면서도 참으로 마음이 아팠다.

나는 한국투명성기구에 회원으로 가입한 후 이재명 성남시장과 김거성 한국투명성기구 회장이 청렴업무협약을 체결할 때 처음 활동에 참여하였다. 김거성은 그 후 나를 지방자치단체 옴부즈만으로 추천하였고 민원 현장에서 민원인들을 만나면서 우리 사회에 얼마나 많은 억울한 사람들이 있는지 알게 되었다. 악질 민원인이라고 공무원 모두가 기피하던 민원인을 만났을 때 나조차도 선입견이 있었으나 실제 민원 현장을 직접 조사하면서 얼마나 잘못된 행정이 있었는지 통탄한 적도 있다. 민원인의 억울함을 풀어주고 제도를 개선하였던 소중한 경험을 가지면서 김거성이 뿌려놓은 반부패청렴 운동의 씨앗들이 우리 사회 곳곳에서 자라고 있음을 실감하였다.

공직 영역에서 활동

김거성은 경기도교육청 감사관으로 또 대통령비서실 시민사회수석으로 두 번의 공직을 담당하였다. 그가 감사관으로 재직 시 나는 대표 옴부즈만으로, 공익제보자지원위원장으로 참여하면서 교육청의 변화하는 모습을 일부나마 지켜볼 수 있었다. 그는 교육 현장 곳곳을 찾아 반부패청렴에 대한 직접 교육을 통해 많은 호응을 이끌어 냈고, 옴부즈만 제도를 시민감사관 제도로 바꾼 이후 시민들과 함께 모든 분야의 감사를 통해 투명하고 깨끗한 교육 행정 시스템을 정비하여 나갔다.

역사상 최초로 사립유치원에 대한 감사를 실시한 결과는 대단히 충격적이었다. 감사관실에 유명정치인들의 전화가 빗발쳤고 교육청 앞은 그를 규탄하는 시위로 요란하였다. 김거성을 음해하는 세력들의 언론을 동원한 위협도 계속되었다. 그는 침묵했지만 단호하였다. 감사실 직원이 받는 모든 전화는 김거성에게 돌리도록 하였다. 통화 내용은 녹음된다는 말에 정치인의 전화는 뚝 끊어졌고, 시위도 잦아들었다. 그가 당긴 방아쇠는 험난한 경로를 거쳐 유치원 3법을 개정하게 하는 결정적 역할을 하였고 전국의 교육계에 엄청난 반향을 일으켰다.

2020년 12월 제19차 국제반부패대회가 우리나라 서울에서 개최되었다. 이 대회는 격년으로 회원국을 순회하면서 개최되는데 지금까지는 서울에서 유일하게 두 번 개최되었다. 2003년 노무현 정부에서 개최된 제11차 국제반부패대회에서 문재인 당시 민정수석이 대회 개최 준비를 하였는데 그때 한국투명성기구 사무총장이었던 김거성은 시민단체의 실무총책임자로서 대회를 지원하였다. 2020년 문재인 정부에서 개최된 제19차 국제반부패대회에서 김거성은 시민사회수석으로서 대회 개최 준비를 지원하였다. 또한 시민사회수석 재임 직후에 김거성은 한국투명성기구 전 회장 자격으로 제19차 국제반부패대회 프로그램의 하나인 "평화와 사회정의를 위한 새로운 투명성 기준"이라는 워크숍에 참여하였고, 나는 "국방영역의 반부패 프로그램 증진"이라는 워크숍에 참여하였다. 2020년 대회 준비를 위해 사전에 한국을 방문한 위겟 라벨르 국제반부패회의 의장은 문재인 대통령을 예방하였을 때에 김거성의 반부패 활동에 대한 오랜 공헌에 고마움을 표하였다.

반부패와 관련하여 한국을 방문하는 주요 인사들은 모두 김거성의 오랜 친구였고 내가 참석한 국제투명성기구 총회에서 만난 국제투명성기구 창시자인 페터 아이겐Peter Eigen을 비롯한 대다수 인사는 김거성을 자기의 친구라고 자랑하였다. 대만에서 개최되는 국방 영역 반부패 세미나에 내가 참석할 수 있었던 것도 순전히 김거성 개인의 국제적인 네트워크를 통한 초청에 의한 것이었다. 국제투명성기구에서 김거성의 존재는 특별하다. 반부패청렴 영역에서 이미 국제 사회의 거목이 되어 있었고 시민사회수석 퇴임 후 국제투명성기구 이사로 다시 지명되었다.

빛나는 별과 같은

김거성의 존재는 어둠 속에서 빛나는 별과 같다. 그는 기독교장로회 목사이고 신학 박사이다. 부패 없는 밝은 세상, 투명한 청렴 사회를 위해 한국투명성기구와 일생을 함께 걸어온 시민운동가이다. 시민사회 교육과 학교 교육을 두루 경험한 행동하는 교육자이다. 대학 시절에는 자유와 민주를 위한 열망으로 참혹한 옥고를 치렀다. 그의 깨끗하고 해맑은 눈빛 안에 그러한 아픔이 서려 있다는 것을 나는 오랫동안 몰랐다. 어둡고 혼탁한 사회를 밝은 세상으로 이끌어 가고자 길을 안내하고 비추어주는 별, 나는 그를 진정 빛나는 별이라고 생각한다.

'선한 사마리아인' 같은 실천적 삶

❦

문종만
(장애인거주 시설 계명원장)

    장애인시설의 원장으로서 제가 처음 김거성 목사님을 뵌 것은 2020년 9월 여름이 지나갈 무렵이었습니다. 사회복지사가 되려면 사회복지 현장실습 과정을 이수해야 하기 때문에 제가 책임자로 있는 시설에 실습생으로 오시게 되었습니다. 제가 아는 사회복지법인의 이사장을 역임하셨다고 이미 들은 바 있어 사회복지에 대한 이해가 있을 것이라고 생각하였습니다. 목사님의 3주간의 실습은 내내 조용하고 성실하게 이루어졌습니다. 사회복지시설은 청결함을 유지하여야 하기에 청소하는 일, 환경을 잘 정리하는 일을 늘 신경 써야 하는데, 이런 일은 낮 시간대에 종사자들이 모두 출장을 간 이후에 원장인 제가 혼자 남아 하는 경우도 있었습니다. 그럴 때마다 실습생인 목사님은 제가 부르지도 않았는데 가까이 오셔서 일을 돕곤 하였습니다.

코로나19로 인해서 대면 접촉을 기피하다 보니 저희 시설의 장애인들은 외부인들을 피해 종종 사람들이 거의 드나들지 않는 파주 탄현면에 있는 교육관으로 이동하는 경우가 많았습니다. 그럴 때마다 실습 지도자인 제가 김 목사님을 포함한 여러 실습생에게 사회복지에 관한 이론 교육을 하였는데, 목사님은 60대의 나이에도 불구하고 열심히 경청하는 모습을 보였습니다.

실습이 끝나기 바로 전날, 그는 자신이 청와대에서 시민사회수석을 지내셨다고 처음으로 밝히셨습니다. 나중에 『그날이 오면』이란 책을 통해 목회자로, 사회운동가로 활동한 내용을 알 수 있었습니다. 이미 대학 시절에 학생운동을 하다가 구속되었던 적이 있는데, 당시 변호를 해 주었던 분이 바로 저희 장애인 시설 원생의 아버지인 고故 황인철 변호사였던 인연도 알게 되었습니다.

목사님과 동시대를 살아왔던 저로서는 목사님의 실천적 삶이 눈

에 띄었습니다. 한때는 저도 목회자로 강단에서 하나님의 말씀을 전하였지만, 저 자신도 말씀대로 살지 못하는 모습에 부끄러울 때가 많았습니다. "행함이 없는 믿음은 죽은 것이다"라고 야고보 사도는 말하였건만 자신의 안위 때문에 늘 겁먹고, 의기소침해 살아가는 소시민적 삶을 살았던 것이 저 자신이었습니다. 고매한 인품은 부단한 자기훈련과 확신을 통해 얻을 수 있습니다. 그것은 강의실이나 사무실에서 이루어지는 것이 아니라 삶의 자리 현장에서 이루어지는 것입니다. 그만큼 목사님이 강인한 의식으로 살아왔기에 실천할 수 있는 그런 용기가 있었던 것입니다. 이미 삼십 년 이상 목회를 하시면서 맡아온 신도들에게 말씀과 함께 그 실천적 삶을 여과 없이 전수해 주었으리라 믿습니다. 그의 관심의 초점은 늘 사회적 약자, 소외된 자, 어려움에 처해 있는 이웃이었습니다. 강도 만난 자에게 필요한 것은 '선한 사마리아인'이었듯이 목사님은 구리九里 지역의 도움이 필요한 자들에게 따뜻한 손길을 보내주신 것입니다. 대상자들에게 늘 사랑스러운 모습으로 대해 주었던 것이 분명합니다.

오래전부터 아동 생활 시설과 법인에서 도움이 필요한 아동들을 알뜰히 보살피셨습니다. 주말이면 갈 곳 없는 아동들을 자신의 집에서 기거하게 하며 따뜻하게 음식을 제공하였습니다. 꾸준하고 성실하게 그것을 이행하였습니다. 누가 알아주기를 바라지 않았습니다. 그 자신이 예수님의 실천적 삶을 살아가신 것입니다.

김거성 목사님은 항상 현장現場에만 계신 야전병이 아니라 이론과 학문으로 무장한 전략가와 같습니다. 목적 없는 지향指向은 어리석은 것입니다. 그런데 가야 할 이념과 사상이 뚜렷한 목사님의 모습은 사뭇 존경스러웠습니다. 그런 모습 속에서 우리는 무엇을 위해 뛰어야 하는가에 대한 자문하게 되었습니다.

목사님의 학문적 성취도 가볍지 않거니와 실천적 모습은 더욱 진지하고 거룩하였습니다. 이미 대학 시절에 박정희 유신 정권에 저항하다가 옥고를 치른 것에서부터 시작하여 항상 자기 자신에 엄격한 모습을 볼 수 있었습니다. 목사님의 즐겨 쓰는 문구 중에서 예수님의 말씀 "오직 너희 말은 옳다 옳다, 아니라 아니라 하라"는 말씀을 실천하는 삶이었습니다. 애매하고 우유부단한 태도가 아니라 분명한 언행으로 의로움을 견지하라는 말씀인데, 이것에 대한 실천력은 금방 주변 사람에게 감동을 주고 있습니다.

문재인 정부의 정치 이념은 과거의 보수적이고 권위적인 모습을 탈피하여 국민의 인권 신장을 보장해 주는 것이었는데, 이런 정부의 이념에 맞추어 김 목사님은 고위 관리가 되었다고 생각합니다. 군림하는 것이 아니라 낮은 위치에서 국민을 보호하고 계도하는 심부름꾼의 역할을 하였다고 생각합니다. 인권의 사각지대에 있는 자들을 찾아 밝은 곳으로 인도하는 역할을 마다하지 않았을 것입니다.

어떤 정부이든지 사람을 사람답게, 국민을 국민답게 하는 정부이면 그것은 성공한 정부, 훌륭한 정부라 할 수 있습니다. 그런 정부에서 고위 관리로서 청지기와 같은 사명을 잘 수행하셨습니다.

김 목사님은 신학은 물론이고 사회복지에 대한 식견도 깊으십니다. 이미 장애인 특수교육을 공부했지만, 현장실습을 이수하기 위해 우리

시설을 찾은 것입니다. 자폐성 장애인, 지적 장애인들이 있는 시설에서 짧은 기간이지만 그들과 접촉하고, 교류하기를 원하셨습니다. 그들은 사회성이 부족하기에 낯선 외부인의 방문을 탐탁지 않게 생각하는 경향이 있습니다. 누가 말을 걸어도 대답하는 것조차 힘이 드는 부류가 많습니다. 이런 이들과 접촉해 줄 수 있는 것이 무엇인지 모색하는 모습은 보기에 좋았습니다.

목사님이 섭렵하신 학문의 원천에는 인간애가 들어 있습니다. 인간에 대한 따뜻함, 인간에 대한 예의가 들어 있습니다. 여기에 예수님의 삶을 닮아가려는 그의 철학과 신념이 담겨 있습니다. 낮은 위치에서 남을 섬기는 자세가 삶의 근저에 자리 잡고 있습니다.

지금은 바야흐로 코로나19로 인하여 전 국민의 역량을 모아 팬데믹을 극복해야 할 시대적 변곡점에 와 있습니다. 일상을 회복하고 경제를 활성화하여 세계 속에 대한민국의 위상을 우뚝 세워야 하겠습니다. 예측하기 어려운 미래를 정확히 진단하여 정책과 비전을 가지고 힘차게 나아가야 하겠습니다. 다음 세대에게 꿈과 희망을 줄 수 있는 사회를 만들기 위해 더욱 힘써 주실 것을 김 목사님께 당부드립니다.

선배의 작은 보답

❦

박일영
(전 루터대학교 총장)

　짧은 기간이었지만, 젊은 시절 한때 한 지붕 아래에서 한 가족처럼 지냈던 김거성을 다시 기억하고, 주변에 자랑스럽게 그를 소개하게 된 것은 지난 2019년 7월 그가 청와대 시민사회수석으로 임명되었을 때였다. 이전에도 종종 그의 활동을 언론이나 SNS를 통해 접하기도 했고, 개인적으로도 지인들을 통해 소식을 듣곤 하였지만, 그가 수석으로 임명되었다는 뉴스는 그에 대한 나의 인상을 새롭게 하는데 정점이 되었다. 성숙한 민주주의를 이루기 위해 그리고 사회 곳곳에 깊이 뿌리박혀 있는 부패에 저항하며 온갖 저항을 몸으로 받아내며 국내뿐 아니라 국제적으로도 지도적인 시민운동가로 인정받아 온 모습은 젊었을 때 그의 조용한 모습 위에 쉽게 겹쳐 그려질 수 없었다.
　내가 속한 루터교회는 다른 교파들에 비해 매우 늦은 1958년에

청와대 시민사회수석 시절, 문재인 대통령과 함께

한국 선교를 시작하였다. 그가 연세대에서 신학을 시작하였을 때 그는 한국루터교회의 목회자 양성 프로그램이었던 루터교신학원(LTA: Lutheran Theological Academy)에 합류하였다. 그때 루터교신학원 프로그램은 낮에는 연세대나 한신대에서 공부하고, 야간에 루터신학을 별도로 공부하는 위탁교육 체제였다. 루터교신학원 학생은 대학원 과정까지 야간 수업 과정을 병행하여 공부를 마치면 대학원 석사 학위와 더불어 루터교회 목회자로 안수를 받는 목회학 석사 과정과 동동한 자격을 받을 수 있었다.

당시 루터교회는 전국에 교회가 10개도 되지 않는 작은 교단이었기에 루터교신학원에는 소수 학생이 공부하고 있었다. 적을 때는 2명, 많을 때는 6~7명이 후암동에 위치한 루터교신학원 건물 곁에 있었던 가정집 스타일이 기숙사에서 함께 생활하였다. 식사를 위해 수고해 주시는 조리사 아주머니와 함께 세 방에 나누어 방학도 없이 일 년 열두 달을 그야말로 한 가족처럼 숙식과 공부를 함께 하였다.

지금은 같이 늙어가는 처지이지만 나보다 몇 년 뒤에 기숙사에 들어 온 그는 나뿐만 아니라 대부분 나이도 많고 선배이기도 한 동료들에게 늘 예의 바르고 깍듯하였다. 성격이 활달한 친구들이 있어 몇 명 안 되어도 기숙사는 분위기가 격의가 없고 늘 떠들썩한 분위기였는데, 그는 그런 분위기에 잘 어울리면서도 후배로서 눈에 거슬리는 행동이나 불편한 말을 하거나 했던 기억이 전혀 없다. 그때는 당연한 듯 지냈지만, 가깝게 생활하다 보면 자잘한 일들에 불편한 일들이 일어나기 마련이다. 되돌아보면 나이에 걸맞지 않게 말과 행동에 신중하였던 그의 무난한 성격은 흔치 않은 것이었다. 학생이 소수이기에 대학원생과 학부 학생이 함께 동일한 수업을 들어야 했는데, 그는 성실한 태도로 그러한 수업들을 무난히 소화하였다.

루터교신학원 학생들은 대학교 수업뿐만 아니라 야간 수업도 들어야 했는데, 그뿐만이 아니었다. 매년 초가 되면 지역 루터교회에 전도사로 파송이 되었다. 당시 신학생들은 신학을 공부한다는 것만으로도 교회에서 전도사로 대접을 받았고, 그만큼 교회에서 맡는 일과 책임도 많았다. 내 경우를 회상해 보아도 주일학교, 중고등부, 청년회, 성가대 등 교회 모든 부서에 관여했고, 주일은 저녁 예배까지 하루 종일 교회에서 보냈고, 수요일 저녁 예배, 토요일 학생회나 청년부 예배도 책임을 맡아야 했다. 교회가 많지 않아 몇 년 지나면 각 교회는 전도사로 만났던 신학생들에 대해 평가하게 되는 것은 자연스러운 일이었다.

학년 차이가 제법 있어 학업과 관련해서는 긴밀한 대화를 나눈 기억이 없다. 그러나 내가 그에게 새로운 모습을 느끼게 된 것은 파송된 교회에서 상당히 인기가 좋았기 때문이었다. 기숙사에서는 선배들 때문에 조용하게 지내왔던 것인가? 파송 받은 교회에서 또 학교나 사회에서는 그를 따르는 사람들이 많았다. 그때 나는 안과 밖(?)이 상당히 다른 친구라는 강한 인상을 받았다. 말이 별로 없는 과묵한 편이었지만 적극적이고 활동적이었다. 사람들과도 쉽게 친밀해지고, 성실한 모습으로 그 친밀함을 잘 지켜나갔다.

아쉽게도 그의 기숙사 생활은 오래가지 못했다. 어느 날 저녁이었다. 야간 수업에 마침 시험이 예정되어 있었다. 대부분 수업을 선교사님들이 가르쳤기 때문에 수업이든 시험이든 대충하는 것이 허용되지 않았었다. 그런데 수업 시간을 얼마 앞두지 않아 그에게서 전화가 왔다. 학교에서 유신 반대 유인물을 배포하여 경찰에 쫓기는 몸이 되었다는 것이다. 사태의 심각성을 몰랐던 나는 대뜸 걱정되어 물었다. "오늘 시험은 어떻게 할 거야?" 사실 그때만 해도 함께 기숙사 생활을 하며 그에게서 받았던 인상으로는 그 살벌하던 시대에 유신 반대 운동에 앞장서리라고는 생각하지 못했다. 그런데 그 전화 통화를 끝으로 그는 바로 잡혀가 감옥살이를 하게 되었다. 하지만 이런 방식으로 그는 내가 미처 보지 못했던 실천적 투사로서의 본색(?)을 드러내었다. 내가 이런 방식으로 그를 회상하는 것은 아직도 나는 그처럼 과묵하고 얌전하기까지 한, 오히려 내성적으로 보이는 사람이 어떻게 지금까지의 험난한 삶을 살아내었는가 쉽게 이해할 수 없기 때문이다.

그 후 내게는 온순한 후배로만 느껴졌던 그는 가혹한 옥고를 견뎌내면서도 굴하지 않는 꿋꿋한 민주투사로서, 시민운동가로서 자리매김하고 있었다. 그가 청와대에 들어간 후 얼마 지나지 않아 몇몇 옛 동료들과 함께 식사하며 대화하는 시간을 가졌다. 예전처럼 조용하고 군말 없고 신중한 모습은 여전했지만, 그동안 견뎌내 온 고난과 굴하지 않는 노력 끝에 쌓인 연륜이 말과 몸가짐에 묻어나옴을 느낄 수 있었다.

나는 루터교에서 목사안수를 받고 천안에서 목회하게 되었다. 이때 뜻하지 않게 다시 그를 자주 만날 수 있는 기회를 갖게 되었다. 천안에서 만나 사귀게 된 친구가 지금은 고인이 되신 전학석 목사님 교회 교인이었는데, 전 목사님은 말년의 장공 김재준 목사님을 그림자처럼 또 아들처럼 모시던 분이었다. 그리고 그 어른들 곁에 김거성 목사가 가까이 있다는 것도 알게 되었다. 덕분에 나도 그분들을 여러 차례 모실 수 있는 소중한 기회를 갖게 되었다. 전 목사님이 온양 온천에 장공 목사님을 모시고 갈 때 내가 동행을 했고, 한번은 장공 목사님과 함석헌 선생님을 비롯한 여러 어른과 함께 경주까지 여러 날을 함께 여행하기도 했다. 그때 인연으로 장공 목사님이 마태복음 7장 8-12절을 내용으로 내게 써주신 휘호는 지금도 자랑스럽게 거실을 장식하고 있다.

나는 한신에서 공부하였지만 정작 김재준 목사님은 그전까지 가깝게 모실 기회가 없었다. 그런데 그는 이미 자연스럽게 장공 선생님이나 함석헌 선생님과 같은 우리 사회의 정신적 어른 그룹에 가까이 머물러 있는 사람이 되어 있었다. 그 곁에 있으면서도 여전히 그는 과묵하고 조용하고 겸손하였고, 그렇게 자연스럽게 그분들과 함께하고 있었다. 장공 김재준 목사님의 위대함은 여기에서 새삼 언급할 필요가 없을 것이다. 그분의 평생 생활신조였던 "예 할 것은 예하고 아니오 할 것은 아니오 하라"는 말씀대로 묵묵히 살아오신 모습이 곱게 나이가 드신 그분 모습과 말씀에 배어 있었다. 그는 김재준 목사님을 지극히 존경하였다. 이것은 김거성 목사의 신조 또한 "예할 것은 예하고 아니오 할 것은 아니오 하라"라는 것에 잘 드러나 있다. 그는 스승을 알고, 존경하고, 나아가 배움을 몸으로 실천하며 익히는 스타일이다.

그 시절 그가 몇 번 내가 사는 사택에서 잠을 잔 적이 있었다. 그런데 한밤중에 자다가 끙끙 앓는 소리를 내는 것이었다. 제법 큰 소리로 뱉어내는 고통의 신음이었다. 알고 보니 그때까지도 고문의 후유증을 앓고 있던 것이었다. 참으로 안쓰러운 마음을 금할 수 없었다. 그리고 평생 고통이 따를 수 있는 그런 희생을 감내한 그를 보면서 민주주의를 위해 희생하고자 하는 결단이 얼마나 힘들고 그만큼 위대한 일이었는가를 새삼 느끼게 되었다. 사실 우리가 누리는 모든 행복과 안전은 누군가의 고난과 희생이 있어 가능한 것이다. 얼마 전 그가 자신을 고문했던 사람들을 찾으려 한다는 뉴스를 잠깐 본 기억이 있다. 아마도 그 가해자들을 개인의 차원에서나 복수를 위해서가 아니라 역사의 차원에서 진실을 밝히고 화해하고 싶은 마음에서 그들을 찾고 있었을 것이다.

교파도 생활 무대로 다르기에 그와 자주 만날 기회는 없었다. 옛날 그가 연세대에서 기독교윤리학 박사 과정을 공부할 때 학교에서 만날 기회가 있었는데, 모진 세월 가운데서도 학구열과 학문에 대한 성실함은 여전했다. 내가 겪고 아는 한, 김 목사는 행동하는 신앙인, 실천하는 지성인의 모범이었다. 허풍도, 빈말을 하는 경우도 없다. 대학 시절부터 그러했다. 그저 있는 그대로 자신을 드러내고, 옳다고 생각하면 말없이 실천에 옮긴다. 장공 선생님과 같은 그의 좌우명 그대로이다.

근래 SNS를 통해서 종종 소식을 알 수 있게 되어 그나마 반갑다. 청와대 수석으로 임명되었다는 뉴스를 접하고 내가 아는 김 목사에 대한 인상, 그에게 배우는 삶을 다른 사람들과 공유하고자 그에 대한 회상을 페이스북에 올린 적이 있었다. 나는 유명인 중에서 아는 사람이 별로 없거니와 또 성격상 어떤 유명인을 잘 알고 있다고 자랑할 줄도 모른다. 그리고 내가 아는 한, 김거성 또한 어떤 목적을 가지고 사람들을 사귀거나 대하지 않는다. 그러한 맥락이 있기에 그리고 무엇보다 그와 같은 인재가 한국루터교회에 머물러 있었더라면 우리 교단의 모습도 많이 바뀌었지 않았을까 하는 안타까운 마음에 그 글을 공개하였다. 비록 나의 주관적인 판단이었지만, 적어도 어떤 목적을 가지고 쓴 것이 아니라 마음에서 우러나온 솔직한 회고담이었다.

이 짧은 회상이 그가 꿋꿋이 살아오면서 우리 사회를 위해 당한 고난들, 우리 사회에 기여한 공헌들에 대한 부족한 선배의 작은 보답이 되기를 소망한다.

구민공동체를 꾸리다

박채영
(민주노총 민주택시노동조합 전 조직2국장)

택시 노동자의 죽음의 진실을 찾아

1987년 6월항쟁의 분위기에 이어 1988년 노동 현장은 노동자들의 삶의 조건의 향상과 가장 기본적인 권리를 요구하는 목소리가 이어지고 있었다. 그런 와중에 서울 중랑구 망우동에 위치한 ○○택시에서 비리와 전횡에 맞서 싸운 문용섭 씨가 친사파에 의해 삼겹살을 굽는 불판에 머리를 맞아 살해당하는 사건이 발생하게 되었다. 가장을 잃은 가족들은 그의 죽음의 진상 규명과 책임자 처벌을 요구하며 천막 농성을 하였으며, 경찰에서는 노○○의 후배인 신○○(구속)과 문용섭 씨 사이의 개인 싸움으로 인한 단순 폭행 사건으로 처리하려하는 것을 구리노동문제상담소에서 사건 해결을 위해 민주통일민중운동연합, 박종만추모사업회, 서울지역총학생연합 등이 연대하여 대책위원회를 꾸려 활동할 것을 제안하였다.

전태일 열사의 이소선 어머니는 대책위의 위원장을 맡고, 김거성 목사님은 대책위 집행위원장을 하였고, 당시 평화민주당 인권위원회 민권국장이던 우원식 현 국회의원 등과 함께 살인 사건의 진상 규명을 요구하며 문용섭 씨의 시신이 안치된 병원과 ○○택시를 매일 오가며 거리 행진과 유인물 배포 등의 선전 활동을 이어갔다.

○○택시 사장의 조카인 노○○ 등은 관리부장을 하며 회사 측에 문제 제기를 하거나 노조(어용노조)에 문제를 삼는 기사들에는 차령이 오래된 택시만 배차한다거나 연월차 휴가도 내지 못하게 하였고, 반면에 관리부장의 후배들은 왕십리 쪽 후배라며 회사나 노조에 문제를 삼는 노동자들에게 은연중에 욕설과 시비 또는 근무를 마치고 나면 한잔하는 자리에선 조직적인 힘을 과시하며 그 누구도 덤벼들지 못하도록 하는 폭력 집단의 모습을 보여 왔다. 그렇지만 거구의 문용섭 씨가 나서면 친사파들도 함부로 시비를 걸거나 덤비지 못했다고 한다. 당시 사건이 발생했을 때 노○○과 회사 측은 은폐하려는 목적으로 식당 주인 등이 폭력을 가하는 것을 보지 못했다고 경찰에 진술하였고 근무하는 노동자들도 쉽게 입을 열지 않았지만, 고인이 정의로운 사람이었다는 사실은 대부분 인정하였다.

진실 규명 싸움이 길어져 가던 중 회사 측에 매수된 가족이 나오면서 그때부터는 사건이 회사 측의 의도대로 단순 폭행치사 사건으로 처리되고 말았지만, 김대중 정부 때에 생긴 의문사진상규명위원회의 조사 끝에 노○○ 등의 지시에 따라 폭력 살인이 일어나게 된 것을 밝혀낸 것으로 알고 있다. 피해자의 둘째 딸과 우원식 의원 사이에 간간이 연락이 이어졌고, 우 의원의 어머니가 돌아가셨을 때에도 함께 하였다.

또한 당시 중랑구에 소재했던 ○○레미콘에서도 노동조합이 생겨나며 회사 측의 탄압이 극심하고 구사대들이 준동하며 노조를 탄압하였지만, 목사님과 우원식 의원의 역할에 힘입어 노조가 인정되고 파업 투쟁이 승리로 끝나는 것을 볼 수도 있었다.

구리에서 교회를 개척해 달라고 부탁하다

구리에는 교회가 많았으나 노동자들과 함께하는 교회는 찾아볼 수 없었다. ○○택시 사건 이후 태백의 광부였던 성완희 열사가 분신해 숨졌을 때에도, 구로공단의 김종수 열사가 분신 운명할 때에도, 마창 통일중공업의 이영일 열사가 돌아가셨을 때에도, 17세의 문송면 군이 수은에 중독되어 숨을 거두었을 때에도 당시 민주통일민중운동연합(민통련)의 이름을 걸고 함께한 목사님을 만났다. 그때 마침 민통련이 '발전적 해체'란 이름으로 없어질 무렵 나는 목사님께 "구리 남양주지역의 작은 공단의 공장에서 노동조합들이 생겨나고 있지만 회사 측이나 경찰의 탄압을 받고 있으므로 이곳 노동자들에게 울타리 역할을 해주셔야 된다"며 구리남양주지역에서 교회를 해 주셔야 된다고 부탁드렸다.

목사님은 두어 달을 고민하다가 결단을 내리고 구리에서 교회를 개척하기로 하였다. 당시 지역의 어떤 어른은 기장교회가 생긴다면 비용은 자신이 모두 부담하겠다고 말씀한 분도 있었지만, 목사님은 지인 선배 후배들을 찾아다니며 보증금과 목회에 필요한 비품 등을 손수 마련하는 모습을 나는 바라보기만 했다.

어려움을 극복하고 창립 예배를 마치고 구리노동상담소가 교회로 들어오고 원진레이온의 직업병 해결을 위한 한양대 의대생들로 구성된 의료팀이 매 주일 교회에서 무료 진료 활동에 나설 무렵 전국교직원노동조합이 건설되었고(1989. 5. 18.), 그다음 날 전국 최초로 구민교회에서 전교조 구리미금남양주지회를 창립했다. 당시 장학사 등이 교회 입구 계단까지 올라와 출입을 방해하고 경찰 등을 통해 물리적인 탄압을 하였지만, 지회 설립은 성대하게 치러냈고 이후 다섯 분의 선생님들이 해직되었다.

교회 옆에 전국교직원노동조합 구리남양주지회가 새로 사무실을 얻어 둥지를 틀자 공안기관에서도 쉬 접근을 하지 않았고, 조합원들은 일상 활동을 지속하며 조합원 수를 배가하는 등의 성장을 해 나갔다.

또한 원진레이온에서 직업병 피해자들이 드러난 후 폐업 과정에서 수많은 단체와 많은 활동가들이 활동을 하였지만, 교회는 노동자 중심으로 해결되길 바랐고, 민주노조의 기틀을 유지한 노동조합이 있어 오늘날 구리녹색병원과 면목동에 위치한 서울녹색병원이 건설되어 원진 직업병을 넘어 전국의 산업재해 노동자들과 지역 주민들과 함께하는 공동체가 형성될 수가 있었다.

구민교회 교인들 단체사진

한국 사회에서 교회의 역할이 빛과 소금의 역할이라면, 구리시의 구민교회는 지역과 주어진 틀 속에서 새로움을 개척하며 그 책임을 다하고 있다고 생각한다.

끝으로 1989년 창립 이후 지금까지 구민 공동체와 함께하고 이끌어가고 계신 모든 교우에게 깊은 감사의 말씀을 전한다.

구리아빠, 김거성 이사장님

남지은
(고등학생)

　김거성 목사님은 제가 초등학생일 때, 제가 사는 아동복지시설에 이사장님으로 오신 분입니다. 첫 만남은 우리 집에 있는 아기들 방에서 만나게 되었습니다. 처음엔 이사장님이라고 해서 다가가기도 어려웠고 많이 어색했었는데, 먼저 다가와서 반갑고 친절하게 말을 걸어주셔서 금방 친해질 수 있었습니다. 지금까지 제가 봤던 여러 이사장님은 시설에서 큰 행사가 있을 때만 잠깐 봤기 때문에 좋은 추억이나 그 이사장님들에 대한 기억이 없는데, 이분은 예전에 보았던 이사장님들과 완전히 달랐습니다. 아기들이 한 번에 여러 명이 들어와서 힘든 시기였을 때입니다. 일을 끝내고 바로 오셔서 힘드실 수도 있었을 텐데 전혀 그런 티를 안 내고 항상 아기들을 즐겁게 봐주시는 모습을 보고 저분은 정말 좋은 분이라고 생각했습니다.

송죽원 아이들과 함께(왼쪽), 캄보디아 앙코르와트 여행 사진(오른쪽)

가끔은 이사장님 댁에 놀러가 밥도 먹고 집주변 산책을 하며 진로와 생활 등 여러 이야기를 나누었습니다. 다른 사람들이 볼 때에는 별거 아니라고 생각할지도 모르지만, 저에게 그 순간들만큼은 정말 좋은 추억으로 남아있고, 많은 도움이 되었습니다. 제가 아는 김거성 이사장님은 지금까지도 저희를 만나면 항상 밝은 얼굴로 반갑게 악수해 주시고, 바쁘셔도 쉴 때마다 오셔서 아이들과 놀아 주시고 저희에게 현실적인 말과 좋은 말씀을 많이 해 주시는 분입니다.

이사장님은 저희가 다양한 체험과 도전을 많이 할 수 있도록 11박 12일 동안 제주도 또 치악산 등에 여행을 갈 수 있도록 많이 지원해 주셨고, 그런 데에 가서도 다른 어른들은 교육적으로 좋다고 생각하는 프로그램을 준비해 와서 진행하시는 경우가 대부분이었는데, 이사장님은 우리가 스스로 결정하고 또 도전할 수 있도록 지켜봐 주셨습니다. 요즘 유행하는 말처럼 꼰대와 멘토의 차이가 무엇인지, '멘토란 이런 거구나' 하고 느낄 수 있게 해 주셨습니다. 좋은 것을 우리에게 떠먹여 주시기보다는 우리가 먹고 싶어 할 때까지 기다려 주셨고, 그래서인지 김거성 이사장님과 이야기할 때에는 늘 저를 믿어주시는 것 같고 제가 괜찮은 아이인 것 같은 느낌을 받게 됩니다.

또한 힘드실 텐데도 저희가 다양한 것을 볼 수 있도록 여러 곳을 돌아다니며 체험을 할 수 있게 도와주셨습니다. 그리고 제주도 여행을 갔을 때 하루는 저의 생일이었는데, 그걸 기억해 주시고 비자림 입구의 한 카페에서 깜짝 생일파티를 해 주셨습니다, 제 생일파티를 먼저 제안하고 친구들과 함께 준비한 사람이 이사장님이라는 것이 신기했습니다. 큰일을 하시는 분이라 저와 같은 사람이나 작은 일에는 관심이 없을 거라고 생각했는데 제 생일을 기억하고 준비하신 것을 보면서 정말 아이들 한 명 한 명을 소중하게 여기고 계시다는 생각이 들었습니다.

그리고 이전에는 꿈도 꾸지 못했을 해외여행을 캄보디아로 갈 수 있게 해 주셔서 좋은 추억을 만들 수 있었습니다. 무엇보다도 저희가 스스로 당당한 사람이라고 여러 가지로 느낄 수 있는 기회가 되었습니다. 우리 집 아이들은 김거성 이사장님을 구리아빠라고 부릅니다. 저는 이사장님께서 아버지처럼 곁에 있어 주시고 아이들의 말을 잘 들어주시기 때문에 아이들이 아빠라고 부른다고 생각합니다. 이사장님은 저희에게 항상 든든한 기둥 같은 분입니다. 약 2년 전 나라에서 중요한 직책을 맡으시고 이사장을 그만두셨지만, 저희에게는 무슨 일이 생겼을 때 누구보다 가장 먼저 달려와 주실 것 같은 믿을만한 어른입니다.

내가 만난 '사람' 김거성

신영례
(아동양육시설 송죽원장)

오랜 직장생활과 사회관계를 통해 많은 사람을 만나고 헤어지면서 사람을 존경했다가 실망하기를 반복하고, 사회적으로 존경받던 분들의 비도덕적 민낯이 드러나는 것을 지켜보면서 더 이상 진심으로 존경할 수 있는 사람은 역사 속에서나 만날 수 있고 내 현실에서는 만날 수 없을 거라는 회의적인 생각을 갖게 되었다. 멀리서 볼 때는 멋지고 훌륭해 보였던 사람들이 가까이서 오래 지내보면 도덕적, 인격적으로 실망을 주었기 때문이다.

그런데 사람에 대해 회의적이었던 내 생각에 변화를 가져온 사건이 있었다. 그것은 바로 7년 전 내가 아동양육시설 송죽원에 입사한 후 김거성 이사장님을 만나면서였다. 처음 만났을 때는 친절하고 바르며 능력 있는 분인 것 같다는 생각만 하였고 그 이상의 큰 기대는 갖지 않았었지만, 이사장님을 만날수록 감동과 존경심이 생겨나기 시작했다.

언젠가부터 사랑과 정의의 삶을 살아내는 사람에 대해 생각할 때면 자연스럽게 떠오르는 사람이 바로 김거성 이사장님이셨다. 수많은 이야기가 있지만 그중 몇 가지만 이야기하자면, 미국의 사상가이자 시인인 랠프 월도 에머슨이 쓴 〈무엇이 성공인가〉와 함석헌 선생의 〈그대 그런 사람을 가졌는가〉, "죄는 미워하되 사람은 미워하지 말라"는 의미가 담긴 성경의 말씀이다.

랠프 월도 에머슨이 쓴 〈무엇이 성공인가〉에서 이야기하고 있는 성공적인 삶을 생각하면 이사장님이 떠오른다. 나는 사회에서 존경받는 사람들이 모인 여러 모임의 현장이나 우리 시설을 방문하는 후원자들이 뒤에서 그분을 칭찬하는 것을 우연히 여러 번 보고 듣게 되었다. 그는 현명한 이들에게 존경을 받는 사람이었다.

그리고 우리 송죽원 아이들에게 가장 사랑받는 사람이 바로 김거성 이사장님이다. 2015년 당시에 우리 송죽원이 안정되면서 갑자기 베이비박스를 통해 신생아들 열두 명이 새로 들어오는 일이 있었다. 두 명의 보육사가 48시간 맞교대로 밤낮없이 신생아를 돌보는 것은 힘에 벅차고 또 여러 어려움이 있었다. 그때 김거성 이사장님은 2년 가까이 거의 매주 하루 이틀씩 찾아와서 아이들을 안아 주고 돌보아 주셨다. 어느 날 한꺼번에 세 명의 아기를 양 무릎과 품에 안고 웃고 있는 모습을 보며 나도 모르게 울컥하며 진한 감동을 느낀 적이 있었다. 김거성 이사장님은 우리 아이들과 함께 있을 때 가장 많이 웃으시는 것 같다.

그뿐 아니라 부인이신 김경자 사모는 송죽원에서 2년 가까이 일주일에 4일 정도를 집에도 가지 않고 송죽원에서 숙식하며 아기들을 돌봐 주는 자원봉사를 하셨다. 꼭 식권을 구입해서 식사하시는 모습 또한 인상적이었다. 우리 시설이 공동생활을 하는 곳이라 아이들이 독감, 구내염, 수족구 등 전염병에 자주 노출되어 격리를 시켜야 하는데 격리실이 부족할 때에는 늘 흔쾌히 구리에 있는 댁으로 아이들을 데려가서 나을 때까지 며칠씩 간호하면서 돌봐 주셨다.

이사장님은 교육청에 근무하던 시기에도 피곤한 몸을 이끌고 수원에서 서울까지 찾아와 아기들을 돌봐 주셨다. 또한 송죽원에서 생활하는 아이들 한 명 한 명에 대해 오랜 친한 친구처럼 자연스럽게 지내며 아이들에게서 최선의 것을 발견하기 위해서는 다양한 체험이 필요하다는 생각으로 직접 여행 프로그램을 자비와 주변에서 후원금을 모아 오셔서 기획·실행하셨다. 11박 12일의 제주 여행과 7박 8일 동안의 치악산 캠프를 직장에서의 연차 휴가를 거의 사용해가면서까지 동행하여 직접 운전을 하면서 모든 일정을 함께 하셨다. 캄보디아 견학은 아이들에게 자부심과 자신감을 불어넣어 준 송죽원 최초의 해외 여행으로 기록되었다.

그래서인지 우리 아이들은 김거성 이사장님을 '구리아빠'(구리에 사는 아빠라는 뜻)라고 부른다. 우리 아이들과 인연을 맺었던 그 많은 어른 중에서 아빠라고 불리는 유일한 분이다.

한편 김거성 이사장님을 떠오르게 하는 또 하나의 글인 함석헌 선생의 〈그대 그런 사람을 가졌는가〉는 대학 시절 읽었던 글인데 감동적인 글이지만 떠오르는 사람이 없어서 그냥 흘려보내기를 반복했었다. 어느 날 이 글을 다시 읽는 순간 김거성 이사장님이 떠올랐다.

그대 그런 사람을 가졌는가

불의의 사형장에서
"다 죽어도 너희 세상 빛을 위해
저만은 살려두거라" 일러줄
그 사람을 그대는 가졌는가
온 세상의 찬성보다도 "아니"하고
가만히 머리 흔들 그 한 얼굴 생각에
알뜰한 유혹을 물리치게 되는 그 사람을 그대는 가졌는가

함석헌 선생의 이 글을 읽으며 김거성 이사장님이 떠오른 것은 아마도 그가 그동안 걸어온 삶의 여정과 세상을 대하는 태도에서 우리 사회를 위해 꼭 필요한 분이라고 확고하게 믿고 있기 때문이다.

김거성 이사장님은 15년이 넘게 해결되지 않던 송죽원의 혼란과 갈등 문제를 탁월한 리더십으로 깨끗하게 해결하여 송죽원을 안전하고 행복한 삶의 터전으로 아이들에게 돌려주셨다. 나아가 민주적이고 투명하며 아이들의 권리가 존중되는 곳으로 발전시켰다.

또한 시설 조직을 권위적인 수직적 조직에서 민주적인 수평적 조

직으로 '함께' 일하는 곳으로 만드셨다. 어느 날 이사장님에게 "이사장님을 모시고 일하게 되어…"라고 이야기를 한 적이 있었는데 그 순간 웃으시면서 "'모시고'가 아니고 '함께' 일하는 거지요"라고 부드럽게 말씀하셨다. 그 말을 들으며 예전에 경험했던 상사들과는 다른 새로운 철학을 가지고 있는 멋진 분이라는 생각에 신선한 충격을 받았던 기억이 있다.

또 하나 김거성 이사장님을 떠오르게 하는 것은 "죄는 미워하되 사람은 미워하지 말라"는 의미의 성경 구절을 읽을 때이다. 나는 기독교 신자이지만 죄와 사람을 분리하는 것은 도달하기 힘든 삶의 과제였다. 그렇지만 이사장님은 실천하기 힘든 그 성경의 구절을 살아내고 있었다. 옳은 일을 선택하고 타협 없이 정의의 길로 나아가는 모습이 존경스러웠지만 부패하고 배신하고 잘못을 저지른 일은 바로잡되 잘못한 이들을 향한 태도는 정죄하거나 미워하지 않고 늘 예의 있고 존중하는 모습이었다. 그 모습은 낯설었지만 경외감이 들었다. 이사장님이 거인이라는 생각이 든 순간이었다.

'기도의 완성은 삶에 적용하는 것'이라고 하는데 자신의 철학과 기도를 말로 끝내지 않고 삶에 적용하며 사는 처음과 끝이 같고, 외면과 내면의 모습이 같고, 말과 삶이 같은 사람… 언론을 통해 존경받던 저명인사들의 비리와 비도덕성이 드러날 때면 믿을 사람 하나 없다고 안타까워하는 사람들이 많을 때 이 사람만은 믿을 수 있다고 자신 있게 이야기할 수 있는 사람….

성공적이고 진리의 삶을 살아가는 사람에 대해 생각할 때마다 자연스럽게 떠오르는 김거성 이사장님이 있어 세상의 빛이 되는 존경할 수 있는 분이 우리에게는 있고, '사람이 꽃보다 아름다울 수 있다'는 소망과 기대를 안고 살 수 있게 되어 감사드린다.

존경의 마음을 담아

장소연
(상지대학교 학생)

    학생으로서 김거성 교수님은 존경스러운 분이다. 대학 생활 중 처음으로 '존경스럽다'라는 생각이 든 교수님은 김거성 교수님이 처음이었다. 어쩌면 '학생이니까 당연히 교수님 앞에서는 그렇게 말하지'라고 생각할 수도 있지만 나는 진심으로 교수님을 존경하게 되었다.

    내가 교수님은 존경하게 된 부분은 여러 가지지만 그중에 몇 가지만 소개해 보려 한다.

    그전에 김거성 교수님의 "생태사회와 시민운동" 강의에 대해서 먼저 말하자면, 상지대학교 학생들은 졸업을 위해 필수로 들어야 하는 지역사회 교양이 있다. 교수님의 강의가 그중 하나였다.

    나는 아무리 졸업을 위해 필수로 들어야 하는 강의일지라도 나에게 도움이 되는 강의를 듣고 싶었다. 평소 사회적 이슈와 사회적 약자들의 불편함에 대해 관심이 있었다. 신문도 많이 읽으려고 노력하고 다른 사람들과 사회적 이슈에 대해서 대화할 때 "그게 뭐야?"라는 질문을 하고 싶지 않았다. 그래서 강의 계획서에 SDGs에 대해서 배우고 노동, 빈곤, 세월호 등에 대해서 학생들이 발표하는 "생태사회와 시민운동"을 선택했다.

수업 중 교수님의 끊임없는 질문

학기 초부터 교수님께서 학생들에게 웹엑스에서 음소거를 해제하고 계속해서 교수님의 질문에 답을 하기를 요구하셨다. 하지만 음소거에 너무나도 익숙했던 나는 채팅으로 교수님의 질문에 답을 했다. 생각보다 많은 학생이 교수님의 질문에 채팅으로 답을 했고 교수님께서는 하나하나 다 읽으시면서 학생들과 소통을 하셨다. 이 소통에서 교수님이 존경스러운 부분은 틀린 답을 말해도 "그게 아니야!"라고 하는 것이 아니라 "다르게 생각을 해 보세요" 등 생각의 전환할 수 있는 기회를 주셨다는 점이다. 많은 학생이 수업 시간에 답을 하는 것을 두려워하는 이유가 자신이 말한 대답이 틀릴까 봐라는 점을 나는 너무나 잘 알고 있다. 내가 그랬으니까. 하지만 교수님의 질문은 희한하게도 대답을 하고 나서 틀려서 부끄럽거나 자신감이 떨어지거나 하는 상황이 없었다. 그래서 강의 시간마다 한 번 이상은 꼭 대답했던 것 같다.

　"생태사회와 시민운동" 강의를 들으면서 나는 모든 수업에 자신감이 생겼다. 내가 전공하고 있는 항공서비스학은 전공 수업에 수업 기여도 점수가 성적에 포함되어 있어서 수업 중에 교수님과의 소통이 학점에 도움을 준다. 나는 교양을 통해서 전공학점이 오르게 되었다. 계속해서 교수님과 소통하기 위해서 매 수업이 끝난 후에 수업 시간에 필기한 것을 정리하고, 그 정리한 것을 통해 복습하고, 다음 수업에 교수님께서 지난 수업 관련해서 어떤 질문을 하더라도 대답을 할 수 있었다. 2학기에 한 주 한 주가 지나면서 어떤 수업이든 대답하는 자신감 넘치는 나의 모습이 너무 좋아졌다. 교수님의 끊임없는 질문에 대답하면서 자신감과 자존감 모두 올릴 수 있어 감사함을 가지고 있다.

'알아서 해'가 아닌 계속되는 피드백

사실 김거성 교수님의 "생태사회와 시민운동" 강의를 수강 신청하고 가장 걱정이 되었던 부분은 팀플레이 발표였다. 교양에서 팀플레이는 처음이라 정말 많은 걱정이 있었다. 다른 학우들이 나한테 스트레스를 주는 게 걱정이 되는 것이 아니라 내가 다른 학우에게 스트레스를 주는 사람이 되지 않을까 하는 걱정이 있었다.

걱정과 다르게 팀플레이는 순조롭게 진행이 되었다. 항상 팀플레이를 할 때면 정해진 주제를 정해진 날짜에 맞춰 발표하는 경우가 많은데 김거성 교수님은 중간중간에 계속 피드백을 주셨다. 예를 들면 카카오톡으로 회의할 것을 모든 팀에게 권유해 주시기도 하셨고, 전체 팀에게 중간 발표로 진행 상황을 들으시고 피드백을 해 주시기도

하셨다. 우리 팀은 중간 발표를 통해서 정말 많은 도움을 받았다. 애초에 우리가 하려고 한 발표는 너무 먼 과거에서부터 시작된다는 교수님의 피드백으로 우리 팀은 최종 발표까지 남은 시간 동안 많은 수정을 거쳤고, 그 수정 이후에도 또 다른 피드백으로 진정한 최종본을 만들어 낼 수 있었다.

"생태사회와 시민운동"의 팀플레이 발표를 해 보면서 이렇게 교수님께 계속해서 피드백을 받으면서 최종적으로 좋은 결과물을 만들어 낼 수 있는 팀 발표라면 몇 번이고 스트레스받지 않으면서 해낼 수 있을 거라는 자신감이 생겼다.

교수님의 수업을 통해 내가 변화한 것

내가 교수님의 수업을 듣고 변화한 것은 두 가지가 있다. 바로 환경을 생각하고 실천하는 것과 사회에 끊임없이 관심을 갖는 자세이다.

첫 번째로 내가 환경을 생각하고 실천하게 된 계기를 교수님께서 과제로 내주신 독서 감상문을 위해 읽던 책 덕분이다. 중간고사 대체 과제로 5권의 책을 선정해 주시고 그중에 한 권을 읽고 독서 감상문을 제출하라고 하셨다. 나는 레이첼 카슨이 쓴 『침묵의 봄』을 선택했다. 레이첼 카슨은 책을 통해서 무분별한 살충제 사용은 곧 인간에게 피해가 온다는 것을 말하고 있다. 나는 이 책을 읽고 난 후에 나 자신을 되돌아볼 수 있었다.

환경을 지켜야 한다는 것은 알고 있었지만 많은 것을 실천하지는 않았다. 하지만 책을 읽고 독후감을 쓰면서 교수님께서 요구하신 내용인 '책을 읽고 새롭게 깨닫고 느낀 바'에 대해서 작성하면서 나는 환경에 관심만 있고 환경을 위해서 제대로 실천하고 있는 것은 없다는 것을 깨달았다. 평소 환경 분야의 책을 잘 읽지 않아 더 충격적으로 다가왔고 쉽게 도전할 수 있는 것들부터 찾아보기 시작했다. 첫째, 텀블러 사용하기. 둘째, 비누, 세제 종류 최소한으로 사용하기. 셋째, 장 보러 갈 때는 꼭 장바구니 이용하기. 이외에도 배달 음식 대신에 집에서 사용하는 용기에 포장해 오는 것도 실천하고 있다. 이렇게 환경을 위해 하나하나 행동으로 실천해 나가고 있다.

과제를 위해서 읽은 책이 내 삶에 큰 변화를 주었다. 과제가 아니었다면 평생 외면하면서 살았을 수도 있다. 하지만 지금부터라도 나는 알았고 더 많은 것을 실천하기 위해서 노력할 것이다.

두 번째로 사회에 끊임없는 관심을 갖게 된 이유는 팀 프로젝트를 진행하고 다른 팀의 발표를 들은 후에 다짐했다. 우리 팀은 '노동'을 주제로 발표를 했지만, 다른 팀은 세월호, 기후환경, 젠더 등 사회적으로 이슈가 되는 주제들이었다.

다양한 조의 발표를 들은 후 내가 잘 알고 있는 주제도 있었고 들어만 봤던 주제도 있어서 어쩌면 나는 이슈에 대해 알더라도 알고 싶은 것만 알려 하는 사람이라는 생각이 들었다. 사회적으로 이슈가 되는 것들은 사람들의 관심이 필요한 주제라고 생각한다. 언젠가는 내가 그 이슈 속에 한 사람이 될 수도 있다. 노동자로 혹은 젠더 차별로 혹은 빈곤이든 어떤 주제든 내가 속할 수 있다는 점에서 더 잘 알고 있어야 한다고 생각한다.

　나는 내면이 더 아름다운 사람이 되고 싶다. 그렇기 위해서는 다양한 분야의 책을 읽고 다양한 사회에 관심을 가지고 알아가야 한다고 생각한다. 이번 학기 김거성 교수님의 수업은 환경이나 사회에 대해서 좀 더 확실하게 생각하고 행동하게 된 계기가 되었다. 교수님께서 나에게 주신 영향력으로 좀 더 내면이 아름답고 강한 사람이 되어 다른 사람에게도 교수님 같은 영향력을 줄 수 있는 사람이 되고 싶다.

'예'와 '아니오'

강민우

(상지대학교 학생)

우리가 삶을 살아갈 때 옳고 그름의 판단을 남에게 맡기지 않고 자신의 의견을 꺼내는 것은 삶에서 중요하다고 생각한다. 이러한 생각은 한 학기 동안 김거성 교수님의 수업을 들으면서 내 마음속에 확립된 마음이고 앞으로 인생을 나아가면서 가지고 다닐 마음이다.

이러한 마음을 얻게 해 주신 김거성 교수님의 수업을 들은 학생으로서 교수님의 수업 내용과 방법 또 교수의 자세 그리고 내가 배우고 깨닫게 된 바를 소개하고자 한다.

첫 번째로 수업의 내용으로는 빈곤을 퇴치하고 지구를 보호하며 모든 사람이 평화와 번영을 누릴 수 있도록 촉구하는 전 세계적인 행동인 SDGs에 관해서 배우고 각 목표에 해당하는 시민단체를 평가하는 것 그리고 부패에 관한 것이 수업의 핵심이었다고 생각한다. 수업의 방식은 비대면으로 이루어져 학생들과 소통이 매끄럽지 못한 상황이었다. 이에 교수님은 이를 보완하기 위해 교수님께서 직접 조별 활동 SNS 방에 있음으로 학생들이 부족하거나 도움이 필요할 때가 있으면 즉각 처리해 주시거나 수업 중 학생들에게 질문을 던지면서 해당하는 문제에 관해서 직접 고민할 수 있도록 도와주셨고, 답변에 관해 평소에 어떤 생각을 하고 있어야 하는지 깨닫게 해 주시는 방법으로 수업을 진행해 나갔다.

이런 수업 중 가장 마음속에 닿게 된 순간이 있었다. 그날은 조별 과제 중간 평가를 하는 날이었다. 과제는 SDG 목표에 속하는 NGO의 이상향 무엇인지 그리고 어떤 점이 부족한지 등을 조별로 조사해 오는 것이었고 각 팀이 조사해 온 내용을 토대로 발표가 시작되었다. 각 조는 NGO 단체의 홈페이지, 인터뷰, 뉴스 그리고 각종 글이 있는 블로그 글 등에 있는 평가 글들을 따와 발표 자료를 만들고 발표를 진행했다. 각 조원의 발표가 끝난 뒤에 피드백을 해 주는데 교수님께서 예상치도 못한 말씀을 하셨다.

뉴스, 칼럼 그리고 비평가들이 주장하는 바를 '전부' 다 믿지 말라는 것이었다. 교수님께서는 그들의 편중된 주장으로 독자나 시청자의 판단을 흐리게 할 수 있으니 본질을 볼 수 있도록 나 자신이 직접 냉정하게 그들의 이상향, 내력 등 그들을 분석하고, 어떠한 잣대도 올려놓지 않고 있는 그들이 부족한 점이나 고쳐야 할 점을 자신의 판단 아래 답을 내야 한다고 말씀하셨다. 앞서 말한 세 가지에서 주장하는 바를 곧이곧대로 믿고 있었던 나는 여기서 오묘한 울림이 느껴었다. 결과적으로 교수님께서는 수업의 내용과 더불어 남의 판단보다 각자 자신이 스스로 판단을 내릴 수 있는, 본질을 찾을 수 있는 능력을 갖출 수 있게 해 주셨다.

두 번째로 학생으로 본 교수의 자세로는 교수님의 열정이었던 것 같다. 수업 초기에는 온라인 수업의 방식이 익숙하시지 않아 수업 중 매끄럽지 못한 부분이 있었지만, 첫 수업에서 이를 인지하신 뒤부터 매주 매끄러워질 수 있도록 노력하셨다. 그리고 교수님은 항상 수업 20분 전부터 깔끔한 복장을 갖추고 수업을 준비하셨고, 수업 도중 당황스러운 상황일지라도 차분하게 학생들을 통제하며 진행하셨으며, 학생과의 소통을 중요하게 생각해 주셨다. 예를 들어 학생들에게 수업 일정에 무리가 있는 것은 아닌지 물어보시고 만약 수업에 참여하기 곤란한 상황이라면 즉각적인 조처를 함으로써 학생들을 이해하려는 자세와 지원하는 자세를 보여주셨다. 이러한 수업에 관한 지속적인 관심으로 해당 수업 학생들이 마음가짐을 긍정적으로 취할 수 있었다고 생각한다.

또한 수업 중에 그리고 SNS의 적극적 활용으로 학생들의 질문 혹은 답변에 자세하고 친절하게 답해 주셨다. 이렇듯 학생들의 본보기가 되는 위치에서 노력해 주시는 교수님의 모습이 인상 깊었다. 이러한 모습으로 학생들은 전반적으로 수업이 원격 강의인 것에 큰 아쉬움을 느꼈으며, 정말 좋은 강의였다고 평가하며 강의가 끝났다.

학생들이 제출한 중간고사 대체 보고서에 대해서는 모두에게 하나하나 개별적으로 글의 체계, 내용에서의 부족한 점, 심지어 오자나 띄어쓰기까지 지적해 주셨다. 마지막으로 학생으로서 김거성 교수님께 배우고 깨닫게 된바, 개인적으로 가장 크게 느낀 것은 두 가지가 있다.

하나는 "본질을 볼 수 있어야 한다"는 것이다. 이 말을 듣고 내가 사는 삶의 전체에 대한 질문을 스스로 하게 되었다. 예를 들어 내가 어떤 이를 나로서만 생각하여 판단한 적이 있었는지 혹은 남이 이게 바르다고 해서 '그것이 맞다'라고 생각하며 지내왔던 것들이 행여나 틀렸었지는 않았는지 말이다. 이는 알고 있었던 혹은 이제 막 깨닫게 된 것의 잘못된 생각을 바로잡는 일이 되었다. 이러한 능력은 앞으로 삶을 살아가면서 큰 도움이 되리라 생각한다.

다른 하나는 학생들을 위한 배려심이다. 여기서 말한 배려는 단순하게 학생들을 편하게 해 주었다는 것은 아니다. 교수님의 자세는 늘 학생들과 소통하려 하시고 항상 준비된 모습이셨으며, 교수님께서 학생들에게 전달할 지식을 어떻게 받아들이게 하고 이를 할 마음이 얼마나 있느냐였다. 교수님께서는 퀴즈, 과제 그리고 시험들을 다양하게 내셨다. 예를 들면 퀴즈 문제로 비대면의 장점을 활용해 노동운동가이자 인권운동가였던 전태일의 상황 그리고 찰리 채플린의 〈모던 타임즈〉를 영상으로 보여주시면서 당시 상황을 느끼게 하고, 어떤 점이 문제였고 이 때문에 무슨 일이 있었는지 등을 생각하고, 이 문제를 지금 SDG에 접목해 생각하게 해 주셨다. 그리고 시험으로 책을 읽어 책 속의 문제에 대해 천천히 그리고 깊게 사유하게 만들어 주시고, 과제로 시민단체들을 분석하는 과정에서 본질을 보는 능력을 이끌어 주는 등 많은 것들을 배워 갈 수 있게 하려는 이런 마음이 학생을 위한 배려였다고 생각한다. 이처럼 비대면인 상황에 자신이 전달하고자 하는 지식을 익숙하지 않은 원격 강의로 열정과 최선을 다해 진행하시면서 점차 매끄러워지는 수업을 통해 자기 계발하시는 모습이 인상 깊었다.

사람은 자기의 세계를 넓혀 준 사람을 잊지 못한다고 한다. 교수님의 삶 속 그리고 수업 속에서 깨달은 것을 잊지 않고 이제는 나의 삶 속에 녹아든 교수님의 가르침을 통해 삶을 살아갈 것이다.

기억과 동행의 33년
: 서로 비추는 별빛

❦

주낙현
(대한성공회 서울주교좌성당 주임사제)

성서 복음서에는 낙담과 실의에 빠져 '엠마오'라는 곳으로 낙향하는 예수님의 제자 이야기가 나옵니다. 절망의 길 가운데서 조용히 동행하며 대화로 열리는 만남이 일어나지요. 그 만남이 역사의 기억으로 이어지고 삶의 슬픔과 아픔의 나눔으로 이어질 때 새로운 삶의 희망이 열리는 사건입니다. '엠마오로 가는 길에서 만난 예수님 이야기'(루가 24:13-35).

그리스도인들은 성찬 예배에서 이 사건을 다시 경험합니다. 예수님께서 2천 년 전에 주신 말씀을 되뇌고, 실제로 그 작은 떡과 잔을 나누어 마시며 예수님의 길을 따르고자 다짐합니다. 이 만남과 실천은 그리스도교 신앙에서 너무도 중요하지만, 실제 역사 속에서는 이를 따르려는 기억과 행동은 자주 빈말이 되고는 했습니다. 종교는 상투적인 예식만 남기거나, 그 안에서 일어나는 인간의 만남도 얕아지기만 했습니다.

지난 20여 년 동안 저는 성직자로서 국내외의 작은 교회에서 성찬예배를 집례하며 여러 사람을 만났고, 지금은 규모가 좀 더 크고 화려한 전통의 전례가 있는 성당에서 여러 사람과 예배를 드립니다. 그때마다 예수님의 뜻과는 다른 행동과 신앙의 길로 빗나가 있지 않나 스스로 돌아보는 일이 부쩍 많아졌습니다.

사실 2천 년 전 예수님의 명령은 그 긴 시간이나 다른 문화 때문에 너무 멀기만 합니다. 기억하라는 그 일의 실체가 무엇인지 상상하기 어려울 때도 있습니다. 그때마다 그 시간의 간극을 넘어, 그 먼 시절의 경험을 또렷하게 현재의 시간으로 데려다주는 아름다운 경험을 떠올립니다. 세상이 유혹하는 안락함이 달콤할 때, 세월이 가져온 무기력과 피곤함에 종종 자신을 맡겨 버리고 싶을 때가 있지요. 그때마다 조그만 구민교회의 풍경과 수줍은 듯하면서도 단단히 곁에 다가와 계셨던 김거성 목사님이 떠오릅니다. 그 풍경과 모습은 시간을 넘어서 저를 예수님의 삶과 죽음 그리고 부활 사건으로 데려다주는 멋진 성찰과 여행의 창문이기도 하지요.

1989년, 막 봄이 싹트기 시작한 어느 날이었습니다. 시골에서 상경하여 대학 1년을 길거리와 교정에서 여러 구호와 함성으로 싸우듯이 보내고 다시 맞이한 봄이었습니다. 짓누르는 이들의 엄포와 눌린 이들의 울부짖음이 교차했습니다. 이 안에서 예수님을 믿고 따르는 일, 신학을 공부한다는 일이 무엇인가 속으로 거듭 물으며 혼란스럽던 시간이었습니다. 그때 삼십 대 초반의 젊은 목사님을 만났습니다. 남양주 도농리의 원진레이온 공장에서 직업병으로 고통받는 노동자들과 함께하고, 이를 돕는 이들까지 품는 작고 따뜻한 둥지를 마련하자는 제안이었습니다. 김거성 목사님을 그렇게 처음 만났고, 그 초대에 응하여 저는 아직 알지 못했던 새로운 신앙의 여행을 시작하였습니다.

경기도 구리시 수택동 골목 2층에 마련한 20평 남짓한 구민교회 예배당 모습이 눈에 선합니다. 그곳은 진실로 삶의 현실이 꽉 찬 공간이었습니다. 밤이면 지하 술집에 나온 술꾼의 싸움과 고성이 잦아들지 않았던 골목길이었습니다. 그 자리에 김거성 목사님과 구민교회 교우들은 한 지붕 여러 가족의 쉼터를 마련했습니다. 빈틈없는 효율성과 넉넉한 환대와 포용이 함께 만날 수 있다는 사실을 보여주는 신비로운 공간이었습니다.

그 작은 공간은 주간 평일에는 구리노동상담소가 되었고, 주말과 주일에는 예배당, 다시 주일 오후에는 의대생들의 진료소가 되었습니다. 당시 막 태어나려던 전교조의 인큐베이터가 되어 여러 선생님이 바쁘게 오가는 곳이었습니다. 그러다가 어느새 색다른 사람이 모두 둘러앉은 식당이 되고, 때로 피곤한 몸을 눕히는 쉼터가 되기도 했습니다. 그 험하고 바쁜 변화 속에도 귀퉁이 서재와 침실과 사무실로 쓰이던 작은 방의 존재감도 신비로웠습니다. 이 모든 삶의 몸부림은 언제나 예수님의 복음에 관한 깊은 성찰과 하느님을 향한 간절한 기도

안에 있어야 한다는 상징으로 말이지요.

그 다목적 예배당과 귀퉁이 서재가 늘 낭만적이었던 것은 아닙니다. 난방이 형편없었던 탓에 추운 겨울밤을 지새워야 했던 일이 한두 번이 아니었습니다. 주일 예배 도중에 그곳은 이상한 소음의 진원지이기도 했습니다. 어느 교우는 택시 운전 맞교대를 마치고도 예배에 참석하겠다고 왔습니다. 그런데 예배를 시작해도 보이지 않는가 싶더니 이내 코를 드르렁 골며 잠에 빠져들기 일쑤였습니다. 우리는 그분의 단잠이 예배이고, 그 소음이 그분의 기도 소리라고 너스레를 떨고는 했습니다. 구민교회는 너그러운 환대의 공동체였고, 김거성 목사님은 그 너그러운 품의 진원이었습니다.

주일 예배 후이든, 주중 어떤 회의 모임이든 식탁으로 변한 예배당 바닥은 늘 작은 잔치였습니다. 라면으로도 배불렀고, 목사님이 손수 지으신 밥에 걸쳐 먹는 김치가 맛나기만 했습니다. 어느 여름에는 함께 만들어 먹은 콩국수가 너무 맛있어서 주일 예배 후 식탁에 다시 콩국수로 올리자고 흥이 났던 적이 있습니다. 문제는 그 맛이 매우 기이했고, 많은 이가 나중에 복통을 호소했다는 사실이었습니다. 알고 보니 날콩가루였던 탓이었습니다. 그래도 우리는 누구를 탓하지 않고, 손수 만들어 대접하려던 손길에 고마워하는 밥상 공동체를 이루었습니다.

전교조 구리미금남양주지회 설립은 여러모로 구민교회와 김거성 목사님께 큰 시련을 주기도 했습니다. 거친 시대에 맞서 싸우는 때인지라 저마다 선한 의지와 의도로 모였지만, 분기탱천한 고민과 섬세한 마음이 서로 생채기를 내기도 했습니다. 그때마다 목사님은 그 작은 예배당을 대화와 화해의 공간으로 만드셨고, 서로 부딪히는 의지와 의견을 지혜롭게 조정하여 앞을 향한 희망의 물길을 터 주셨습니다. 전교조 지회 설립을 막아서며 경찰들이 교회 출입을 봉쇄했던 토요일 오후를 잊지 못합니다. 무엇보다 놀랐던 점은 언제나 경청하며 낮은 목소리로 겸손하게 말씀하시던 목사님이 진압 경찰을 향해서 두려움이 없이 던지던 외침이었습니다. 제게는 참으로 멋지고 시원했습니다. 다만 좀 고약한 대가를 치러야 했습니다. 목사님을 비롯해서 저와 교회 청년들 모두 경찰서 유치장에서 밤을 새워야 했던 것입니다. 목사님은 대화 안에서 삶의 불협화음을 조율하는 오케스트라의 지휘자였고, 우리는 세상의 억압에 맞서 일어나 싸우는 정의의 공동체로 서서히 변해갔습니다.

신학을 공부하는 앳된 20대 청년으로서 저는 대학 생활 전체를 구민교회 공동체와 김거성 목사님과 꾸려나간 셈입니다. 대학을 마칠 무렵 더 넓은 역사와 신학의 전통에 관한 고민 안에서 새로운 신앙을 탐험하는 졸업 여행이 필요하다고 느꼈습니다. 성공회로 교단을 옮기기로 마음을 정리하고 있었습니다. 고등학교 때 깊이 영향받았던 오랜 예배의 전통, 당대를 넘어 역사의 경험을 켜켜이 쌓아 올린 신학의 전통, 세계 전체의 다양성을 아우르는 공동체에 관한 관심이 높아졌기 때문이었습니다. 역사 안에서 맺은 우정의 한 단계를 접고 떠나는 일은 참 어렵지요. 그런데 구민교회와 김거성 목사님은 이러한 새로운 도전을 함께 식별하고 격려해 주었습니다. 아쉬움이 없지 않았을 텐데도 길을 떠나는 이를 축복하여 파송하는 공동체의 모습을 보여주셨습니다.

　저는 이 환대와 밥상 공동체, 정의와 파송의 공동체에 깃든 하느님의 손길을 깊이 경험했습니다. 이 역사의 공동체를 대부분은 낮은 목소리와 자리에서 지탱하시고, 힘들 때는 언제든 온몸으로 방패가 되어 이끄셨던 김거성 목사님에게서 예수님의 제자를 목격했습니다. 이 원초적인 경험이 제게는 고스란히 예수님의 삶을 우리 삶에 겹쳐보게 하는 렌즈가 되었고, 2천 년 전에 펼쳐지기 시작한 그리스도의 꿈을 다양하게 변화하는 세상 속에 비추는 거울이 되었습니다. 홀로 빛나는 별이 아니라, 서로 비추는 별빛이 되어 함께 만드는 아름다움으로 초대하고 기뻐하는 시공간이었습니다.

　이 기억과 동행의 33년은 큰 축복이었습니다. 그 기억은 가난과 어려움 속에서도 기쁨과 희망이 피어날 수 있다는 든든한 확신의 표지가 되었습니다. 그 동행은 우리가 어디에 어느 처지로 있든 작은 별빛으로 서로 비추며 여러 사람의 길을 안내하는 따뜻한 경험의 초석이 되었습니다. 목사님과 저는 지금 다른 공간, 다른 상황에서 살아가고 있지만, 예수님 생애처럼 33년 동안 걸었던 그 동행 속에서 선한 가치와 정의로운 실천을 함께 확장하고 있습니다. 이 일이 참으로 감사하고 복됩니다.

　김거성 목사님은 참 아름다운 분으로 저와 여전히 동행하고 계십니다. 오래전 축복과 희망을 함께 나누었고, 여전히 그리스도 안에서 그 길에 함께 해 주셨습니다. 목사님과 더불어 서로 함께 별빛을 나누고 이루는 일은 그 아름다움이 더 깊고 널리 드러나는 일입니다. 그와 함께 길을 함께 걷는 이들도 서로 아름답게 비추는 별빛이 되겠지요.

3부

청렴 사회를 향하여

부패의 진화에 따른 새로운 반부패 전략*

1. 민주주의의 두 가지 위협 요소: 독재와 부패

민주주의란 문자적으로 '국민의 통치'를 말한다. 민주국가들을 위협하는 요소는 근본적으로 소수가 자신들의 탐욕을 채우기 위해 다수 국민의 자유를 비롯한 기본적 권리들을 통제하는 데서 찾아진다. 이것은 국제적 차원에서 과거에 식민주의의 경험으로 나타나기도 했다. 그리고 오늘날에는 억압과 착취의 결합을 통해 추구되어 오고 있다.

독재와 부패는 '시민·정치적 권리들'과 '경제·사회적 권리들'을 침해하는 민주주의의 심각한 적들이다. 그런데 과거에는 직접적인 폭력과 압제 등 '보이는 독재'가 횡행했다. 하지만 현대에는 가짜뉴스, 여론 조작, 이데올로기 주입 등 보다 지능적인 방식으로 국민이 누려야 마땅한 권리를 억압하는 경우가 많다. 마찬가지로 비리, 강

---

* 제19차 국제반부패회의(International Anti-Corruption Conference) 전체회의 발제문 (2020. 12. 01.).

탈, 뇌물 등 '노골적 부패' 대신 국민에게 정당하게 제공되어야 하는 부의 분배를 교묘하게 가로채어 소수의 것으로 삼는 일이 많은 국가에서 나타나고 있다. 이런 국가들을 과연 민주국가라 할 수 있는가?

따라서 오늘날 평화와 사회정의를 위기에 빠뜨리는 동전의 양면과 같은 '독재'와 '부패'에 대한 고민은 회피할 수 없는 일이다. 부패의 극복, 순전성, 투명성, 책무성의 확립이야말로 민주국가들의 안전한, 지속 가능한 발전을 위해 필수적인 과제가 아닐 수 없다.

2. 부패 개념의 발전

부패 개념은 고정되어 있지 않다.

Public+Private: 1990년대 초까지는 대다수 학자나 기관이 부패를 "공적 직위의 사적 남용"이라고 정의했다.[*] 그렇지만 많은 반부패 활동가와 전문가가 뇌물제공자, 기업 부문(private sector)에서의 부패 문제를 제기했다. 그래서 오늘날에는 부패란 "사익을 위한 위임된 권력의 남용"이라고 정의된다. 공공 부문과 마찬가지로 부패의 또 하나의 역할자인 기업 부문을 포함시키게 된 것이다.[**]

---

[*] WB, *Helping Countries Combat Corruption: The Role of World Bank* (Washington DC: WB, 1997), 8; Requoted from ADB, *Anticorruption Policy* (Manila: ADB, 1998), 9.; Jeremy Pope, TI Source Book 2000 – *Confronting Corruption: The Elements of a National Integrity System* (Berlin: Transparency International, 2000), 2.

Direct+Indirect: UNCAC에서는 부패를 범죄화하면서 그 간접적인 형태들을 주목했다. 협약은 "직접적이든 간접적이든"이란 표현을 반복한다. 그러므로 직접적인 부패뿐만 아니라 부패와 연계되어있는 여러 가지 요소, 즉 중개자, 돈세탁, 범죄수익의 이전, 나아가 한국의 입법 사례처럼 직접적 부패행위뿐만 아니라 부패 "행위나 그 은폐를 강요, 권고, 제의, 유인하는 행위" 등을 포함하게 된 것이다.*

부패+: 바하사 인도네시아어에 카카엔(KKN) korrupsi, kollusi, nepotisme, 즉 부패, 결탁, 족벌주의(corruption, collusion, nepotism)란 표현도 부패의 혼합된 형태를 개념화하는 것이다. 10년 전 태국의 한 조사 결과 "방콕여론조사센터에 따르면, 부패의 최악의 형태는 정치인들이 사익을 위해 정책을 남용하는 것이었고(40.8%), 담합(16.4%), 정책과 법 집행에서의 이중 잣대(13%) 순이었다."** 전통적인 의미의 부패라고 할 수 있는 '뇌물수수'는 이 목록 상위에서 찾을 수 없었다.

Illegal+Legal(state/policy capture): "정책 포획이란 공공정책 결정을 공익에서 벗어나 특정 이익집단이나 개인의 이익으로 일관되게 또는 반복적으로 유도하는 과정이다."*** 따라서 '정책 포획'이나 '국가포획' 또한 보이지 않는 부패라 할 수 있다. 부패가 꼭 불법적이라고

** "부패는 공공과 민간 부문의 공무원들이 자기 자신이나 자신과 가까운 사람들을 부당하게 불법적으로 부유하게 하거나, 자신이 배치된 지위를 오용하여 다른 사람들이 그렇게 하도록 유도하는 행위를 포함한다."

* 부패방지권익위법 제2조 제4호 다목.

** *The Nation* (Nov. 10, 2010, 15A).

*** OECD(ed.), *Preventing Policy Capture: Integrity in Public Decision Making* (OECD Public Governance Reviews, 30 Mar. 2017), 9.

어떻게 단언할 수 있는가? 이러한 증후군의 대다수는 많은 국가에서 '합법'이거나 적어도 제대로 처벌되지 않고 있기에, '불법적'이란 표현으로는 충분하지 않다. 오히려 카우프만D. Kaufmann 등이 말하는 '합법적 부패'*는 여러 국가에서 여전히 현실이다.

3. 뇌물 없는 부패

이처럼 과거에 부패 개념은 대부분 직접적인 뇌물과 동의어처럼 사용되었다. 물론 초보적 부패는 직접적인 뇌물이나 강탈로 나타난다. 하지만 '더 진화된', '더 지능적인' 부패가 바로 '뇌물 없는 부패'이다.

지속가능개발목표들(SDGs) 가운데 16번은 "모든 수준에서 지속가능 개발을 위한 평화롭고 포용적인 사회 증진, 모두에게 정의에 대한 접근 제공 및 효과적이고, 책무성 있으며, 포용적인 제도를 구축하는 것이다. 이 목표를 위한 타깃 16.5는 "모든 형태의 부패와 뇌물수수를 실질적으로 줄인다"며, 이를 위해 다음 두 가지의 지표(indicator)들이 제시되어 있다: 16.5.1: 직전 12개월 동안 공무원과 1회 이상 접촉하였고 공무원에게 뇌물을 제공한 사람 또는 그 공무원으로부터 뇌물을 요구받은 사람의 비율. 16.5.2는 앞의 '사람'만 '기업'으로 바꾼 것이다.

* https://www.pedrovicente.org/legal.pdf;
  https://doi.org/10.1007/s11127-020-00832-3.

안타깝게도 이 지표 짝에는 부패와 뇌물을 동일시하는 관점이 담겨 있다. 그렇지만 이들은 단지 뇌물에 대한 것일 뿐 앞서 언급한 모든 형태의 부패를 포괄하지 못하고 있다. 즉, 많은 사람이 더 심각하다고 인식하고 있는 뇌물 없는 부패에 대한 통제의 희망은 보이지 않는다.

정책 포획 외에도 보이지 않는 부패, 뇌물 없는 부패의 사례들은 수없이 많다. 몇 가지 실제 사례를 언급해 보자: 권력을 남용하는 부하 직원, 클라이언트 등에게 성 상납, 성추행, 성희롱 등 '성 착취'(sextortion)가 발생한다. 어떤 통치자들은 사면권을 남용하여 자기 주변에서 부패로 처벌이 확정된 사람들을 사면해 준다. 면책특권을 악용하기도 한다. 이른바 '전관예우', 즉 자신의 상관이나 동료 등에게 특혜를 주어 그들이 부당한 이익을 얻게 하고 자신도 퇴직 후 같은 혜택을 받기도 한다. 쓸모도 없고 환경에도 악영향을 주는 대규모 토목 공사를 실시한다. 부풀려진 민간투자사업에 국가나 지방자치단체가 세금으로 '최소 운용 수익'(minimum revenue guarantee)을 보장해 준다. 특정 이익집단을 위해 점검이나 감사를 제대로 실시하지 않는다. 세금으로 운용되는 정부나 공공기관, 그 공무원 등이 특정 정치 세력을 위한 캠페인에 나선다. 전자조달시스템의 보안을 뚫고 들어갈 수 있는 열쇠를 개발업체에 요구한다. 우월적 지위를 남용하여 불공정한 계약을 강요한다. 찾아보면 실제 사례들은 앞에 언급한 것들보다 훨씬 더 많을 것이다.

4. 새로운 반부패 전략들

이처럼 지능화되고 진화된 부패에 맞설 전략들은 무엇일까? 부패를 단 한 번에 해결할 수 있는 만병통치약은 없다. 따라서 법 집행, 제도구축, 청렴 의식 제고 등을 동시에 추구하는 통전적 접근이 필요하다.

정의 사회를 위한 협약의 서명과 추진: 2005년 3월 9일, 한국에서는 공공, 기업, 정치, 시민사회 등 4부문 주체가 참여하여 "투명사회협약"을 체결하고 몇 년 동안 이를 이행하기 위한 노력을 기울여 왔다. 이 협약은 각 분야별로, 지역별로, 계기별로 확산되었다. 국제투명성기구(Transparency International, TI)는 이를 "반부패 운동의 역할모델"이라고 칭찬하였다. 보수적 정권으로 바뀌면서 이 협약이 무력화되었지만, 나는 여전히 이 모델이 가장 효과적이고 포용적인 반부패 '연대구축'(coalition building) 전략이라고 믿는다. 보다 공정한 민주국가를 위해 사회 각 부문이 서로 각자의 실천 과제를 제시하고 참여하는 큰 밑그림이 필요하다.

큰 부패에 보다 집중하는 반부패 정책

뇌물이 완전하게 사라진 것은 아니지만, 적어도 한국은 더 이상 직접적이며 일상적인 뇌물수수가 횡행하는 '뇌물 공화국'은 아니라고 할 수 있다. 그럼에도 불구하고 여전히 '부패로부터 자유로운 민주국가'라는 평가를 받기는 어렵다. 유엔 반부패협약(United Nations

Convention Against Corruption, UNCAC) 제1조(a)가 언명하는 그 첫 번째 목적은 무엇인가? "보다 효율적으로 또 효과적으로 부패를 방지하고 대처하기 위한 방안을 촉진하고 강화하려는" 것이다. 이를 '뇌물' 방지, 즉 '보이는 부패'만을 통제하는 것이라고 자의적으로 축소하는 경향은 극복되어야 마땅하다. 따라서 더욱 심각한 결과를 초래하는, 보이지 않으며 더 교묘하고 진화된 부패에 대해 보다 깊은 관심과 그 극복을 위한 노력이 필수적이다. 따라서 설명한 정책 포획이나 전관 비리 등 뇌물이 직접 보이지 않는 영역, 즉 부패의 네트워크를 극복하는 것이 더욱 중요한 반부패 정책 과제들로 구현되어야 한다.

반부패 기관의 지능형 부패 통제

지난 2016년 촛불로 대표되는 국민의 항거는 중하위직에서의 자잘한 뇌물에 대한 관심이 아니었다. 오히려 살아있는 권력, 눈에 보이지 않았던 합법을 가장한 지능형 부패에 대한 분노의 표현이었다. 말하기 부끄럽지만, 그 과정에서 한국의 국민권익위원회는 제대로 된 역할을 수행하지 못했음을 크게 반성하지 않으면 안 된다. 이는 이명박 정부 시기 이른바 4대강 사업으로 대규모 국민 세금이 특정 이익집단의 주머니로 새고 있을 때 제 역할을 다하지 못했던 것과 맥을 같이한다. 다른 국가기관들이 특정 후보의 캠페인에 가담했을 때에도 국민권익위원회는 침묵했다. 반부패 기관은 마땅히 이러한 고위의 살아있는 권력에 대해서도 조사권을 보유하고 이를 철저하게 활용할 수 있어야 한다. 한국에서 시민사회가 꾸준하게 '고위공직자범죄수사처' 설치를 요구해왔던 것도 바로 이러한 까닭이다. 특히 UNCAC의 당사국의 의무사항들 외에 제18조(영향력 거래)와 제19조(직권남용) 등 권고사항들도 추가로 범죄화하고 조사 권한의 범위에 넣어 반부패 기관이 통제할 수 있도록 보다 정밀한 논의가 추가로 필요하다.

청렴도 측정 모델의 개정

이러한 문제의식을 바탕으로 몇몇 국가에서 실시하는 '공공기관 청렴도 조사'의 약점도 메꾸고, 영역을 재정비하는 것이 필요하다. 소규모의 '주머니 뇌물'에만 집착하고 대규모의 정책 포획 등 '보이지 않는' 지능형 부패에 대해서는 방조한다면, 그러한 반부패 정책은 지속 가능하지 않을 뿐만 아니라 효력도 매우 제한적으로 되고 말 것이다. 보다 교묘하게, 지능적으로 진화한 부패 형태들을 파악하고 대처할 수 있도록 TI에서도 마찬가지로 '세계부패지표'(Global Corruption Barometer)나 '부패인식지수'(Corruption Perceptions Index)의 측정 모델을 조정하는 것이 필요하다. 특히 공권력의 남용이나 결탁, 정책 포획 증후군 등을 포함한 거시적 부패를 '포획'하기 위한 측정 모델의 개정에 나서야 할 것이다.

SDG 16.5의 성취 측정지표 추가

SDG 16.5 타깃의 진전에 관해 측정할 수 있는 새로운 지표들의 추가를 고려하여야 한다. 본 발표자는 다음 두 가지를 제안해왔다: 16.5.3 지표로 "지난 12개월 동안 공공정책이 대부분 공공의 이익이 아니라 특정인 또는 특정 집단의 이익을 이해 결정되었다고 받아들이는 사람들의 비율." 16.5.4로 "지난 12개월 동안 정부가 부패 문제에 적절하게 대응하지 못했다고 받아들이는 사람들의 비율."

지능형 부패에 대한 시민 통제

시민사회, 언론 등과 더불어 국민도 이처럼 '보이는 뇌물' 없는 지능형 부패의 근절을 중요한 과제로 삼아야 한다. 이를 위해 직접적 뇌물 공여나 수뢰가 아닐지라도 정책 포획이나 전관예우 등 거시적 부패에 대해서도 누구나 신고하도록 하고, 나아가 특정이 가능한 경우에는 필요할 때 신고자에 대한 보호와 보상도 가능하도록 공익제보의 영역을 확장하는 것도 고려하여야 한다. 언론은 탐사 보도를 통해서 자잘한 뇌물 사건만이 아닌 대규모 정책의 왜곡으로 특정 집단의 이권을 보장해 주는 부패 구조를 혁파해 나가야 한다.

건전한 윤리 인프라 구축

부패 예방의 실패는 장기적으로 미래에 대해 마땅히 져야 할 책임을 버리는 것이다. 따라서 기성세대는 물론 어린이와 청소년을 위한 반부패 교육을 지속 가능한 민주국가를 위해 필수 과제로 삼아야 한다. 나아가 시민사회와 정부는 청년들의 직접적 반부패 캠페인에 동참하고 실천하도록 지원하고 독려해야 한다. 그리스의 파르테논 신전이 지금까지 존속할 수 있는 중요한 까닭은 그것이 아크로폴리스라는 커다란 바위 위에 세워졌기 때문이다. 반석 위에 집을 지어야 하는 것이다.

5. 결론: 사회정의에 기초한 평화

진정한 평화의 기초는 사회 정의다. 정의 없는 평화는 거짓 평화요 위선일 뿐이다. 보다 '진화된' 형태의 부패에 무관심하고 부패를 극복할 책임의 범위를 직접적인 뇌물 중심으로 자의적으로 축소하는 것은 반부패 운동의 직무 유기다. "전세계에서 모든 형태의 부패와 뇌물을 실질적으로 저감시키는" 변화가 지속 실현될 때에만 진정한 정의가 수립된다. 이번 제19차 국제반부패회의(International Anti-Corruption Conference)가 보다 거시적 관점에서 부패를 파악하고 극복방안을 찾아 사회 정의에 기초한 평화를 함께 추구해 나가는 전환점이 되기를 기원한다.

교육청 청렴 모델과 시민감사관의 역할

1. 실마리

청렴한 교육청의 역할모델을 어떻게 만들 수 있을까?

이 글에서는 먼저 청렴과 부패의 개념을 알아보았다. 그리고 경기도교육청 사립유치원 특정 감사 사례를 살펴보았으며, 끝으로 교육청이 청렴성의 최고의 수준에 도달하기 위해 필요한 여러 가지 과제들 가운데 시민감사관의 역할에 대해 생각해 보고자 한다.

2. 최고의 청렴 수준

최고의 청렴 수준이란 직접적이고 보이는 뇌물이나 금품, 향응 수수가 없는 상태를 포함하되, 이를 넘어서 어떤 '진화된', '보이지 않는' 부패 또한 없어야 하며, 책무성으로 가득한 현장을 이룩하는 데서 가능해진다.

필자가 2014년부터 4년 동안 경기도교육청 감사관으로 재직하면서 확인한 두 가지 놀라운 사실이 있다. 첫째는 그 가운데 2년 동안은 직접적인 뇌물수수 사건이 없었다는 점이다. 그 기간 동안 학교급식과 관련하여 교직원 등이 뇌물을 수수한 사실을 경찰에서 밝혀낸 일은 있지만, 이 또한 교육청이 감사 결과 수사를 의뢰했던 사안이고 발생 시점은 그 이전이었다. 또 학생의 모친이 제공한 10만 원권 상품권을 교사가 행동강령책임관인 교감에게 신고하여 이를 고발했던 사안이므로 제공자는 있었지만, 수령자가 없었던 사안이었다.

둘째는 '보이는'(특정할 수 있는) 뇌물수수는 없더라도 제도화된 부패 구조에 대한 방치와 책무성의 문제는 여전했다는 점이다. 가장 대표적인 것이 바로 사립유치원의 비리 구조에 대한 무지와 무관심, 방치, 비호 등이었다.

이런 점에서 기관의 감사 담당 공무원과 시민감사관의 중요한 과제를 단순한 뇌물수수의 극복으로 삼는다면 장기적으로 최고의 청렴 수준을 이룩하는 데 실패하기 쉽다. 오히려 보이지 않았던 부패 구조들을 찾아내어 이를 혁파해 내는 과제가 청렴한 기관을 실현하기 위해 훨씬 더 중요한 일이 되는 것이다.

필자는 2014년 경기도교육청 감사관 공모에 응하면서 업무계획서에 이렇게 적었다: "현행 청렴 옴부즈만 제도를 시민감사관 제도로 격상 운영하고자 한다. 이를 위해 가칭 '경기도교육청 시민감사관 설치 및 운영에 관한 조례'를 제정하여 시민감사관 활동 권한을 명문화하며, 상임 시민감사관 1명과 비상임 시민감사관 6명 등의 변호사, 인

권, 시설 설비 및 건축, 교육, 회계, 민주적 학교 운영 전문 역량이 감
사관실과 함께 활동하도록 한다."

이를 추진하여 결과적으로 시민감사관 조례를 제정하고 상근 3명
(5급 팀장, 5급, 6급), 13명의 비상근 시민감사관들이 활동하도록 하는
조례의 제정을 실현했다.

시민감사관들 가운데 전직 국회의원, 대통령비서실 시민사회수
석 등이 참여한 것도 이채로웠지만, 무엇보다도 교육청의 일반직·
전문직 공무원들 외에 개방형 감사관을 포함한 외부의 객관적이며
중립적인 인사들이 교육청 감사관에 포진하여 청렴에 적극적 의욕
을 가진 내부의 공무원들과 함께 민관 협력을 통한 교육청의 감사
업무를 지속 추진해 나갈 수 있었던 것은 필자에게 큰 영광이었다.

3. 경기도교육청의 사립유치원 특정 감사 경과[*]

1) 사립유치원 특정 감사 착수 배경

부모들이 아이들을 유치원에 보낼 때 돈벌이 수단으로 쓰라고 보
내는 것이 아니다. 친구들과 더불어 신나게 놀면서 배우고, 조화로운
발달을 이루면서, 건강하고 지혜롭게 성장해 나갈 수 있으리라는 믿
음으로 '유치원'이라는 '학교'에 보내는 것이다.[**]

---

[*] 이 부분은 2018. 11. 22. 민주연구원 주최 토론회 발제문 내용의 일부다.

사립이냐 공립이냐, 유치원이냐 초중고냐를 막론하고 이들은 학교이고, 교육기관인 이상 '비영리'는 당연하다. 교비 회계로 들어오는 모든 금원은 학생들을 위한 교육에 써야 한다.

그런데 사립유치원들 일부가 법에 따른 학교로 인가를 받았지만, '자영업자'가 되어 아이들을 수단으로 삼아 돈벌이에 몰입하고 있다면, 감사관이 할 역할은 무엇인가? 그 원아들, 학부모들, 교사들, 납세자들, 국민을 대신하여 주어진 권한으로 감사를 실시하고 이를 바로잡아야 하는 것 아닌가? 이처럼 공무원으로서 아주 당연한 직무를 수행하고자 한 것이 사립유치원 특정 감사의 출발점이었다.

구체적으로는 지난 2015년 9월 7일 국무조정실로부터 공익제보를 근거로 각 시도교육청에 조치를 요청하는 공문이 교육부를 통해 시달되었다. 교재비 50% 착복과 '사립유치원의 허위 납품서류 발행 및 외부강의 리베이트 활용' 등이 그 내용에 포함되어 있었다. 그런데 아래 「표 1」과 같이 누리과정에 대한 경기도교육청의 예산 지원 규모는 매년 5천억 원을 넘는 규모임에도 불구하고, 그때까지도 사립유치원은 본격적인 감사 대상에 포함되지 않았고, 이른바 감사 사각지대로 남아있었다.*

** 교육기본법 제9조 제1항은 "유아·초등·중등교육 및 고등교육을 하기 위하여 학교를 둔다"고 규정하고 있으며, 이에 따라 유아교육법 제2조 제2호도 "유치원이란 유아의 교육을 위하여 이 법에 따라 설립·운영되는 학교를 말한다"고 되어 있다.

* 경기도교육청, "2017 시민감사관 활동보고서" (2018. 6.), 51.; https://www.goe.go.kr/edu/bbs/selectBbsView_new.do?menuId=290151209145 614&bbsMasterId=BBSMSTR_000000000100&bbsId=971581.

「표 1」 경기도교육청 사립유치원 누리과정 예산지원 현황

(단위 : 유치원 수, 천원)

구 분	지 원 현 황							
	2014년		2015년		2016년		2017년	
	유치원 수	지원액	유치원 수	지원액	유치원 수	지원액	유치원 수	지원액
유아학비	1,048	373,791,783	1,071	400,479,336	1,096	402,480,336	1,101	369,584,185
방과후과정비	1,048	59,967,022	1,071	66,478,179	1,096	65,440,110	1,101	64,753,250
처우개선비	1,048	45,578,659	1,071	48,358,680	1,096	49,858,267	1,101	52,029,122
단기대체 교사 인건비	1,048	173,100	1,071	184,500	1,096	189,250	1,101	160,784
급식비	1,031	35,872,200	1,061	35,784,270	1,096	38,025,076	1,101	37,216,946
계		515,382,764		551,284,965		555,993,039		523,744,287

2) 특정 감사에 대한 사립유치원의 반발

사립유치원 특정 감사에 착수하면서 일부에서의 반발은 예상하였지만, 실제로는 그 강도가 예상을 훨씬 뛰어넘는 것이었다. 특히 특정 감사에 직접 참여한 감사 담당 공무원들과 시민감사관들은 감사 현장에서 일부 원장들로부터 수모와 협박, 회유를 받았으나 오히려 온갖 형태의 마타도어와 비난의 표적이 된 것은 물론, 한국유아교육포럼 회장 이○○ 등으로부터 사립유치원 집회 등에서 공격의 표적이 되었다. 포럼 회원 등 수백 명이 교육청 앞에 몰려와 특정 감사 과정에서 공갈 협박 등 인권침해를 당했다며 "강압적이고 불법적인 감사를 즉각 중단하라"고 시위를 벌였다.* 이어 한유총 경기지부도 같은 주장을 펴는 집회를 개최했다.

2017년 8월 14일 "경기도 2017 사립유치원 특정감사대상기관 알

---

* https://www.kyeongin.com/main/view.php?key=20170704010001293.

림" 처분 취소를 구하는 소(2017구합65600)를 제기하였으며, 나아가 포럼 측 원장들은 실제로 2017년 8월 22일 경기도 교육감과 감사관 등을 고발(2017형제58958)하였고, 심지어 수원지방검찰청 입구에서 일인시위를 하면서 교육감 등의 구속수사를 요구하기까지 하였다.*

그런데 실은 이러한 집회 전에 동 포럼 회장 등은 이미 국민권익위원회에 질의와 더불어 직무감찰을 요구하였고, 결국 교육부를 통해 사립유치원도 감사 대상이 될 수 있다는 회신을 받은 바 있었다. 그럼에도 불구하고 그들은 줄기차게 "사립유치원은 감사 대상이 아니라"고 통보를 받았다며, 따라서 교육청에서 불법으로 감사를 진행하고 있다고 주장했었다. 나아가 그들은 직권남용권리행사방해, 출판물에 의한명예훼손, 협박, 직무 유기 등을 죄목으로 열거하여 교육감, 감사관, 감사 담당 공무원을 검찰에 고발했었다. 더욱이 일부 원장들은 본인이 고발인 명단에 포함된 사실도 뒤늦게 알게 되었고, 자신들은 고발할 생각도 없었다며 교육청에 알려오기도 하였다.

물론 교육감 등을 고발한 사건은 '공소권 없음', '혐의없음'(증거불충분) 처분으로 마무리되었고, 행정소송사건도 아래 「글상자 1」과 같이 원고들의 각 청구는 이유 없으므로 '기각'하는 것으로 판결이 선고되었으며, 2017월 12월 14일 확정된 바 있다.

최종적으로 교육청의 사립유치원에 대한 감사, 시민감사관의 참여 등이 합법이라는 판단을 받은 점은 성과라 할 수도 있을 것이다. 하지만 돌이켜 본다면, 안타까운 것은 이러한 법적 논쟁과 대규모 집

---

* https://news1.kr/articles/?3073922.

1) 공공감사법 제2조 제1호, 제3호, 제3조에 따르면 '자체감사'란 지방자치단체인 도교육청이 그 소속 기관 및 소관 단체의 모든 업무와 활동 등을 조사·점검·확인·분석·검증하고 그 결과를 처리하는 것을 말하고, 공공감사법은 자체감사 활동 및 감사 활동 체계 등에 관하여 지방자치단체인 도교육청에 적용된다. 그런데 공공감사법에는 도교육청의 소속 기관 및 소관 단체의 범위를 정하고 있지 않으므로, 도교육청의 소관 단체로서 공공감사법에 따른 자체 감사의 대상이 되는지는 관계 법령, 조례, 행정규칙, 소관 단체의 사전적 의미 등을 종합하여 판단하여야 한다.

2) 사립학교법 제2조, 제4조, 제48조, 제51조, 제70조, 유아교육법 제2조, 제18조 등 각 규정을 종합하면 교육감은 관할 내의 사립학교인 사립유치원에 대한 지도·감독 권한이 있고, 위 권한의 일부로서 사립유치원 경영자에 대하여 보고서의 제출을 명하거나 장부·서류 등을 검사할 수 있으며 이에 따른 필요한 조치를 명할 수 있고, 경기도 교육·학예에 관한 자체 감사 규칙 제3조는 원고 이○○과 같은 '사립학교 경영자'를 자체 감사(종합감사)의 대상으로 정하고 있다.

3) 공공감사법 제1조는 "이 법은 중앙행정기관, 지방자치단체 및 공공기관의 자체 감사기구의 구성 및 운영 등에 관한 기본적인 사항과 효율적인 감사체계의 확립에 필요한 사항을 정함으로써 중앙행정기관, 지방자치단체 및 공공기관의 내부통제제도를 내실화하고 그 운영의 적정성, 공정성 및 국민에 대한 책임성을 확보하는 데 이바지함을 목적으로 한다."라고 규정하여 공공감사법의 목적을 정하고 있고, 경기도 교육·학예에 관한 자체감사 규칙 제1조는 '이 규칙은 공공감사법 및 같은 법 시행령, 「중앙행정기관 및 지방자치단체 자체감사기준」에 따라 경기도교육감 및 교육지원청 교육장이 실시하는 자체감사의 범위와 그 밖에 필요한 사항을 규정함을 목적으로 한다'고 규정하여 경기도 교육·학예에 관한 자체감사 규칙의 목적을 정하고 있다.

4) 한편, '소관(所管)'의 사전적 의미는 '맡아 관리하는 바. 또는 그 범위'이므로, 지방자치단체(도교육청)의 '소관 단체'란 '지방자치단체(도교육청)가 맡아 관리하는 단체'를 의미한다.

5) 위 각 법규정 등을 종합하여 살펴보면, 공공감사법 제2조 제1호의 '지방자치단

체의 소관 단체'를 지방자치단체와 직접적인 소속 관계에 있는 단체에 한정하는 것으로 볼 수 없고, 지방자치단체(도교육청)의 장인 교육감이 사립학교법에서 정한 바와 같이 관할 내의 사립유치원에 대한 지도·감독 권한이 있고, 그 권한의 일부로서 사립유치원 경영자에 대하여 보고서의 제출을 명하거나 장부·서류 등을 검사할 수 있으며 이에 따른 필요한 조치를 명할 수 있는 이상 관내 사립유치원은 지방자치단체(도교육청)가 맡아 관리하는 단체로서 공공감사법 제2조 제1호의 '지방자치단체(도교육청)의 소관 단체'에 해당하고, 그에 따라 피고가 이 사건 유치원에 대하여 공공감사법에 의한 자체감사를 수행할 수 있다고 해석 함이 타당하며, 이와 같이 해석하는 것이 법률유보의 원칙에 위배되거나 원고들 의 재산권을 침해하는 것으로 보기도 어렵다.

6) 이처럼 이 사건 감사는 사립학교법, 유아교육법, 공공감사법, 경기도 교육·학예 에 관한 자체 감사 규칙에 근거한 것이다. 따라서 사립유치원이 공공감사법 제2 조 제 1호의 소관 단체가 아니어서 이 사건 감사에 공공감사법과 공공감사법에 근거한 경기도 교육·학예에 관한 자체 감사 규칙이 적용될 수 없음을 전제로 하는 원고들의 이 부분 주장은 받아들이지 아니한다(한편 이 사건 감사가 공공 감사법에 근거한 것인 이상 공공감사법 제27조 및 경기도교육청 시민감사관제 운영 조례 등에 근거하여 이 사건 감사에 '경기도교육청 시민감사관'이 참여하는 것은 적법하다고 할 것이다).

회 등을 거치며 사립유치원의 비리 여부나 그 규모, 수법, 피해 등이 아니라 과연 시민감사관이 포함된 특정 감사가 적법한가의 문제로 논 점이 뒤바뀌어 버렸다는 점이다.

또한 그 과정에서 일부 정치인과 언론들이 이들을 비호하고 대변하 면서 교육청, 감사관, 감사 담당 공무원, 시민감사관 등을 지속 공격하 고 압박해 왔다. 따라서 감사 업무의 총괄 책임을 맡은 감사관의 가장 중요한 직무가 마치 그런 외풍과 외압을 차단하는 일인 것처럼 되어 버리고 말았다.

4. 특정 감사에서 드러난 사립유치원 운영의 문제점

1) 원아들의 건강과 영양 위협[*]

원아들에게 제공하는 급식비 일부를 빼돌려 탐욕을 채우는 데 쓴다면 그 피해는 원아들에게 고스란히 돌아간다. 즉, 아이들의 영양에 문제가 발생하는 것이다. 시민감사관들은 "닭 한 마리가 30명의 식단이고, 소국거리는 일인당 5g이었다. 수박 한 통으로 100명이 먹거나 사과 한 알을 12-15쪽으로 나누거나 귤 2쪽이 간식이었다"고 한탄하면서 이렇게 부실하게 3년 동안 매일 먹는다면, "유아들의 신체적 성장, 특히 키의 성장에 악영향을 줄 것이 자명하다"고 지적한다.[**] 아이들이 유치원에서 돌아오면 허겁지겁 먹을 것을 찾을 경우 부실 급식을 의심해야 하는 것이다.

경기도의 경우 교육청과 기초자치단체가 50:50으로 유치원에 특정 목적 급식비를 지원한다. 그 금액은 2014~2015년에는 1인 1식당 2,400원, 2016~2017년에는 2,460원이었으며 전적으로 유아들의 중식으로만 지출하여야 한다. 추가로 유치원운영위원회의 자문을 받아 학부모들에게서 수익자부담 급식비를 징수하여 방학 기간 중 종일반 원아들의 중식비, 우유, 간식비 등에 충당할 수 있다. 그런데 일부

---

[*] 최순영·정인숙, "급식도 교육이다, 급식비도 교육비다", 경기도교육청, "2017 시민감사관 활동보고서", 29-41.
[**] 최순영·정인숙, 위의 글, 39.

유치원들은 이 지출 내역을 구분하지 않고 교비 회계에 통합 운영하거나, 급식지원금으로 원아들의 중식비가 아닌 개인물품이나 원장 (또는 설립자)의 가정용 식품·잡화를 구입하고, 가족 외식도 '교직원 식비'로 지출하였으며, 식단과는 무관하게 식자재나 고가의 급식 기자재를 구입하기도 하였다(아래 「표 2」 참고).

급식지원금 사용 내역의 정확성은 차치하고라도 지방자치단체로부터 제공되는 급식보조금은 가능한 전액 식품비로 집행해야 하지만, 이를 제대로 지키지 않았고 식품비보다 인건비 비중이 더 큰 경우 등이 발견되었다. 또한 급식지원금으로 교직원 중식비를 제공하는 것이 금지되어 있음에도 유치원 운영위원회의 자문을 거쳤다는 핑계로 이를 어기거나 설립자 자녀의 집으로 등록한 공급업체에서 식자재를 구매하도록 하여 부당 집행하는 사례들도 드러났다.

교육에 사용되는 시설에서의 불법행위들은 원아들의 안전을 위협하는 매우 심각한 범죄행위이다. 지난 1997년 5월 유치원생 19명을 포함한 23명이 숨지고 5명이 부상당하는 화성 씨랜드 청소년수련원 화재 사건의 수사 결과에서도 불법 건축과 불법 운영, 형식적인 소방 시설과 점검, 면허가 없는 무자격업체와의 계약 체결, 소화기 하나, 비상벨 작동 하나까지도 제대로 점검하지 않은 채 서류만으로 '양호', '합격' 판정을 남발한 사실이 낱낱이 밝혀졌다.

그런데 직접 유아들의 교육을 위해 전적으로 사용되는 시설들에 다양한 불법 부당 사례들이 특정 감사 결과 드러났던 것이다. 해당 교육(지원)청의 승인 없이 외부에 가설건축물을 무단으로 설치하여 물품

창고로 사용한다거나, 무허가로 증축하여 강당이나 교실 등으로 활용한다거나, 물놀이 시설을 건물 옥상에 무단으로 설치하여 사용한다거나 하는 일들이 밝혀졌다. 또한 비상구 관리의 문제, 주차장 한 부분을 '야외 놀이시설이나 창고, 교실'로 불법 개조 또는 증축하여 사용하는 경우도 확인되었다. 그리고 시설공사 과정에서 설계나 계약, 자재 증빙 등이 없이 부당한 공사비 집행이 확인되었다.

2) 원아들의 안전 위협*

그런데 누리과정으로 유아 학비를 이미 지원받았음에도 불구하고, 방과후가 아닌 누리과정 시간에 방과후 특성화 활동을 배치하여 그 명목으로 학부모들로부터 수익자부담경비를 별도로 징수하는 사례가 여러 유치원에서 발견되었다. 특히 일부 학부모들의 영어교육에 대한 기대를 이용하여 정규 과정 시간을 줄여 방과후(특성화) 교육과정을 운영함으로써 이중으로 부담을 지우거나, 유치원과 별도로 차린 영어학원으로 아이들을 몰아가는 방법으로 수익을 창출하는 경우도 확인되었다. 또한 현장체험학습을 원장, 설립자, 그의 가족이 운영하는 농장 등으로 가고, 그 농장의 비용을 유치원이 부담한다거나, 부당하게 높은 사용료를 지급하는 사례들도 있었다.**

---

* 천인호, "유치원이 안전해야 어린이가 안전하다", 경기도교육청, "2017 시민감사관 활동보고서", 42-47.
** 김지수, 위의 글, 13-28.

「표 2」 '급식비 부정 지출 사례'의 세부 내용

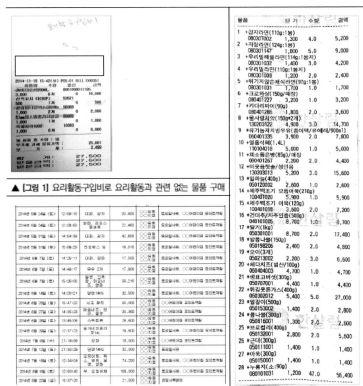

(출처: 경기도교육청, 2017 시민감사관 활동 보고서, 34.)

자녀 명의로 구입한 급경사의 땅에 체험학습장을 운영하여 아이들이 부상당하게 한다면, 과연 이런 체험학습이 원아들을 위한 것인가 아니면 본인이나 자녀를 위한 것인가 묻지 않을 수 없다.

사립유치원이 다양한 교육과정을 위해 필요하다는 주장의 이면에는 마치 국공립유치원은 획일화된 교육과정을 운영하는 것처럼 왜곡하는 논리적 비약이 숨겨져 있다. 국공립학교의 급식은 획일적이고 사립학교의 급식은 다양한가? '누리과정'이 국가가 다양한 교육과정을 담아 제시한 것이라면 이는 국공립이건 사립이건 마땅히 추구해야 할 방향일 뿐, 다양한 교육과정이 사립유치원에서만 보장할 수 있는 특수한 과제는 결코 아니다. 더욱이 이런 논리를 수익자부담 명목으로 별도의 비용을 걷을 수 있는 방과후(특성화) 교육의 확대, 특히 유아시기 영어교육의 정당성을 강변하기 위한 근거로 이용하는 것은 매우 부당한 일이다.

유치원 원장들이 어떤 수익을 낼 것인가의 관심이 아니라 유아교육에서 어떤 놀이와 학습이 아이들에게 필요하고 가장 바람직한 것인지의 관심이 교육과정 운영에 최우선으로 고려되어야 한다.

3) 회계 비리에 따른 원아와 교직원, 학부모의 피해

2016년 10월부터 2017년 1월까지 정부 합동 부패척결추진단은 유치원과 어린이집 재정의 건전성 · 투명성 및 교육 · 보육의 공공성 제고를 위한 개선대책을 마련하고자 교육부, 보건복지부, 시 · 도 교육청, 시 · 도, 식약처와 합동으로 종합 점검을 실시하였다. 유치원 · 어린이집 95곳(유치원 55, 어린이집 40)을 점검한 결과, 91개 기관에서 609건 위반사항과 부당하게 집행된 금액 205억 원을 적발하였다. 유치원의 경우 점검 대상 55곳 중 54개 유치원에서 위반사항 398건, 부당 사용 금액 182억 원이었다.* 유형별로 보면 사적 사용이나 무증빙 또는 위장거래가 65.9%를 차지했으며, 보다 지능적 형태라 할 수 있는 가족 회사와의 부당거래가 26.9%, 최종 수익자가 원장 또는 설립자인 금지된 적립금의 적립이 7.1%로 드러났다(「표 3」 참고).

「표 3」 실태점검 결과 주요 적발유형별 분석 (단위: 천원)

적발 유형	합계	비율	유치원(%)	어린이집(%)
합 계	20,500,502	100	18,228,138(100)	2,280,241(100)
사적사용, 무증빙 또는 위장거래 등	13,518,636	65.9	12,657,683(69.4)	860,951(37.8)
가족 회사와 부당거래	5,520,687	26.9	4,742,442(26.0)	786,624(34.5)
금지된 적립금 집행	1,460,679	7.1	828,013(4.5)	632,666(27.7)
세입·세출 결산서 허위 공시·보고	18개 기관	18.9	14개 기관(25.5)	4개 기관(10.0)

(자료: 국무조정실 유치원·어린이집 실태점검 결과 및 개선방안, 붙임자료)

---

* https://blog.naver.com/PostView.nhn?blogId=moeblog&logNo= 220940889950.

* https://moe.go.kr/boardCnts/fileDown.do?m=0503&s=moe&fileSeq= 70c2f89e1e2163f1fb06ace2c164cde0.

한 경기도 내 사립유치원의 사례를 보면 원아가 400여 명이었는데, 일반 학원생은 없이 오직 유치원생들만을 교육하는 동일 건물 내에 어학원에 영어교육비 명목으로 2014년과 2015년간 총 10억 원을 어학원 계좌를 통해 지급하였는데, 이 어학원은 사립유치원 설립자와 동일 인물이었다. 더욱이 어학원으로 영어교육과 무관한 도예·요리 교육비, 유치원 수영장 보수비, 주방 물품 구매비 명목으로 2014~2015년까지 총 164회에 걸쳐 10억 6천만 원 상당의 유치원 운영자금을 어학원 계좌로 이체한 사실이 드러났다. 또한 동 어학원은 세무서에 매출 신고도 누락하고 있었다. 그뿐 아니라 지출 시에는 지출결의서, 계약서, 계산서, 영수증 등의 필요한 증빙서류를 첨부하여야 하나, 지출결의서나 거래당사자도 없이 견학·행사용이라는 명목으로 현금 14억 원, 설립자의 다른 사립유치원 계좌로 2억5천만 원을 지출하는 등 무증빙 거래가 총 32억 원에 달했으며(2014~2015년), 실제 계약·구매 여부도 확인되지 않았다. 설립자 소유의 아우디, 벤츠, BMW 승용차의 보험료 14,366,970원을 교비 회계에서 지출하기도 하였다. 이러한 비리에도 불구하고 검찰에서 인지 수사로 진행했던 해당 사안에 대한 조사 결과 이를 "증거불충분하여 혐의없음"(2018년) 처분하였고, 경기도교육청은 이에 반발하여 정식 고발 절차를 진행하여 다시 조사가 진행 중인 것으로 알려졌다.

다른 사립유치원에서는 설립자가 대표로 있는 유치원과 동일한 주소지의 ○○교육연구원이 어학원임에도 불구하고 '스테인리스 도시락'을 납품하는 것으로 계약한 후 1억2천만 원을 집행하였고, 아들

(1)의 유치원 용품 회사는 종목이 식자재, 식품 등임에도 '보수공사' 계약 명목으로 1천5백만 원을, 아들(2)의 회사와는 세부 내역 없이 1억2천만 원을 거래한 것으로 기록하고 있었다. 또한 유치원 원장으로 있는 딸에게 영리 목적으로 교육자문료를 줄 수 없음에도 불구하고 1회당 최저 96만 원부터 최고 4백만 원까지 증빙 없이 12회에 걸쳐 2천3백만 원을 지급하였다(2014. 5.~2015. 9.).

어떤 유치원은 설립자 명의의 저축보험을 월 8백여만 원씩 12년납 만기로 납부하고, 5천만 원 대의 설립자 개인의 종합부동산세도 교비 회계에서 지출하였으며, 식재료를 구입했다며 폐업 업체 발행 영수증을 제시하는 등으로 3억 9천만 원이 넘는 금액을 보전 조치해야 했다.

교재비 등 수익자부담경비로 입금된 금액 275,280,440원을 실제로 집행하지 않아 졸업생을 포함한 원아들의 학부모 통장으로 1인당 최소 20만 원에서 최대 백만 원에 이르는 금액을 환급하게 된 사례도 있었으며, 어린이 통학버스 기사에게 통장을 통해 정해진 급여 이상으로 송금한 후 현금으로 차액을 돌려받거나, 상여금 지급 대장을 확인한 결과 이미 퇴직한 직원 이름이 서명과 함께 기록되어 있는 경우도 있었다.

이러한 사안들로 말미암아 원아들의 영양과 안전이 위협받았고, 학습의 질이 악화되었다. 원아들이나 교직원 등에게 돌아가야 할 국민이 낸 세금이나 학부모들이 수익자부담경비 명목으로 납부한 금액이 소수의 이익을 도모하는 데 빼돌려진 것이다. 비리들을 통해 해당 유치원의 설립자나 원장이 부를 누리고 있을 때 그 피해자는 누구였는가? 바로 원아, 학부모, 교직원, 납세자와 국민이었다.

5. 사립유치원 특정 감사 결과로 확인된 제도 개선 과제

경기도교육청에서는 사립유치원 제도의 맹점들을 해결하기 위해서 그동안 많은 기관을 찾아가 제도 개선을 요구해왔으며, 그 주요 내용은 다음과 같다.

1) 현 누리과정(유아학비) 지원금을 보조금으로 법제화(입법 완료)

○ 유아교육법 제24조와 같은 법 시행령 제29조 및 제34조 제3항, 제5항
— 공통의 교육 – 보육 과정 지원비 → 보조금 법제화 필요
○ 사학기관재무 – 회계 규칙(2017. 9. 1.)
— 방과후 과정비(1인당 월7만 원)는 '보조금'으로 명시화됨(2017. 09. 01.).
※ 영유아보육법 제34조의 3(보육서비스 이용권)에서는 "보육서비스 이용권을 영유아의 보호자에게 지급할 수 있다"라고 하였고, 제40조 (비용 및 보조금의 반환명령)에서는 "사업 목적 외의 용도에 보조금을 사용한 경우에는 이미 교부한 비용과 보조금의 전부 또는 일부의 반환을 명할 수 있다"고 규정함.

2) 사립학교법 제49조 사립학교경영자의 결격사유 부활

○ 사립학교법 제49조 (결격사유) 다음 각호의 1에 해당하는 자는 사립학교 경영자(법인인 경우에는 그 임원)가 될 수 없다(1999. 8. 31. 삭제 됨). → 부활 필요

─ (결격 사유) 1. 금치산자 또는 한정치산자 2. 파산자로서 복권되지 아니한 자 3. 금고 이상의 형을 받고 그 집행이 종료되거나 집행을 받지 아니하기로 확정된 후 2년이 경과되지 아니한 자 4. 법원의 판결에 의하여 자격이 정지 또는 상실된 자

3) 유아교육정보시스템(업무관리, 에듀파인, 나이스, 메신저 등) 조기 구축(도입 완료)

○ 유아교육 지원 확대에 따라 사립유치원 운영에 대한 체계적 관리 필요성 대두(2016년 누리과정 지원비, 교원 인건비 보조, 교육역량지원비 등 총 2조 330억 원)

○ 유치원 급여, 인사, 입학 관리, 회계 및 지원 사업관리, 유치원 정보 공시 등이 포함된 유아교육종합정보시스템 구축 및 운영 필요.

4) 사립유치원 전담 TF팀(공조) 필요

○ 페이퍼 컴퍼니 설립을 통한 유·무형의 세금 포탈 사례, 교재

업체 리베이트 거래에 대한 조사권 불비로 실질적 제재 조치 불가
등

　○ 국무조정실 주도 사립유치원 감사 TF 구성 필요(시도교육청/도청
감사팀, 지방국세청, 검경 수사 인력 등)

　○ 보건복지부, 교육부를 통한 어린이집, 사립유치원 연계 감사 필요
　─ ○○사립유치원 수사 의뢰(교재업체 리베이트 건) → ○○경찰서에
서 해당 사안 수사 결과 32개 어린이집에 대한 리베이트 추가 확인

5) 적립금 제도 필요(도입 완료)

　사립유치원에서 합리적으로 대화하고, 주장하는 부분들에 대해서
는 당국도, 학부모도, 국민도 들어주지 않을 까닭이 없다.
　대표적인 것이 경기도교육청이 사립유치원 특정 감사를 진행하면
서 대화를 통해 파악하고 제도 개선을 제안하여 도입된 '적립금' 정책
이다. 이 적립금 제도가 도입된 이후 경기도교육청은 시설 개선, 통학
버스 감가상각 등을 고려하여 세입예산 중 적립 재원 세입 과목 총액
의 10%까지 사립유치원의 적립금을 인정해 주고 있다(아래 「글상자 2」
참고).*

---

* 경기도교육청 유아교육과, "2018 사립유치원 재무회계 컨설팅 연수자료", 23.

「글상자 2」 사립유치원 적립금 제도

■ 적립금
① 적립 목적
건축적립금: 노후 교육 시설 개·보수 및 증·개축
통학 차량 적립금: 노후 통학 차량 교체, 자체 통학 차량 구입
※ 유치원 회계에서 교육용 기본재산 매입을 위한 적립금은 인정하지 않음
② 적립 규모
적립 한도액: 세입예산 중 적립 재원 세입 과목 **총액의 10% 이내**
적립 규모: 적립 한도액×적립 기간(년)
※ 매 회계연도 적립금+장기차입상환금+차량 할부금의 합은 적립 한도액을 초과할 수
없음
③ 적립금 재원
적립 재원 기준이 되는 세입과목(사학기관 재무회계규칙 제22조의2 제4항)

> 공통과정지원금, 교육비, 설치·경영자 이전 수입(법정부담전입금 제외), 잡
> 수입금, 순세계잉여금

④ 적립금 세부 운용 절차
적립금 적립 및 사용계획을 수립하여 **유치원운영위원회 자문 후 관할청에 사전보고**

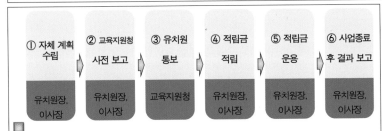

① 자체 계획 수립 / 유치원장, 이사장
② 교육지원청 사전 보고 / 유치원장, 이사장
③ 유치원 통보 / 교육지원청
④ 적립금 적립 / 유치원장, 이사장
⑤ 적립금 운용 / 유치원장, 이사장
⑥ 사업종료 후 결과 보고 / 유치원장, 이사장

■
⑤ 적립금 관리: 별도 기금 운용(금융기관 또는 체신관서에 예치)
⑥ 적립금 인정 제외 대상
유치원 회계에서 교직원에 대해 과다한 보수를 지급하는 경우
※ 적립금에 대응하여 설립·경영자, 유치원장, 행정실장 등에 과다한 보수를 지급하는
경우 보수 지급 규모에 따라 적립금 불인정
◎ 동일 고정자산에 대한 장기차입금과 적립금의 합이 적립 가능 금액을 초과하는 경우
◎ 교육청 또는 지자체 등에서 교육경비를 지원받아 개·보수(증·개축)한 시설
⑦ 적립금 운용 원칙
당초 사용계획과 다르게 적립금을 목적 외 사용한 때에는 사용금액 전액을 유치원장
또는 설립자가 보전
적립금을 사용할 때는 관련 법령 등을 준수하여 집행

6) 기타 제도 개선

경기도 광명 등 일부 지역의 경우, 전반적으로 다른 지역 표준원비 수준에 미달하니 법의 예외 조항을 적용하여 다른 지역 표준원비와 가깝게 단계적으로 물가상승률 이상으로 인상하는 것을 허용해 줄 것을 제안하고 있다. 합리적이며 큰 문제점이 없다면 이런 요구도 수용하는 것이 바람직하다(도입 완료).

이처럼 앞으로 사립유치원이 국민이 납득할 수 있도록 운영하면서 필요한 합리적인 법령 등 제도 개선을 제안한다면, 그러한 요구들도 국민이 수용하고 적극적으로 반영하지 않을 까닭이 없다.

6. 시민감사관 활동의 성과

경기도교육청에서의 시민감사관 지원을 얻어 이룩했던 몇 가지 성과를 언급해 보면 다음과 같다:

— 시민감사관 참여를 통한 처분심의회의 공정성 확보
— 감사 현장에서의 시민감사관 참여로 인한 공정성, 객관성 확보 가능
— 시민감사관 존재로 내외부 청탁과 간섭 배제 가능
— 공익제보 보호 역할

— 유아교육 분야, 교육 급식 분야 '투명사회협약' 체결
— 시민감사관 활동 보고서(매년), 감사사례집 제작(2017) 배포
— 소통과 배려의 감사문화 조성
— 감사 역량: 처분의 균질화 노력

이와 아울러 다음과 같은 감사 방향을 추구했음을 공유하고자 한다:

— 사후처분→예방중심 감사 활동 중심
— e-DASAN 지원시스템 + e-DASAN 감사시스템(기존 민원사례
  에 대한 질의응답 축적)
— 모범사례 발굴, 감사 사각지대 발굴, 적폐 청산
— 종합감사 등에 시민감사관 참여 필요
— 감사 대상 학교의 확대
— 타 시도교육청과 교류 협력 확대(교육청감사관협의회, 시민감사관 네
  트워크)
— 혁신의 출발로서의 민주성 강화
— 학교 민주주의지수 참고
— 교육 현장 '갑질' 근절을 위한 노력
— 투명사회협약의 확대 지속
— 소통 배려의 감사문화: 종합감사 후 강평 실시
— 성과감사 추구와 감사 역량 강화
— 처분 균질화, 본청 감사처분심의회 참관 확대

7. 시민감사관 활동의 성공을 위하여

1) 신뢰, 지원, 협업

교육청(간부와 직원)의 전폭적인 신뢰와 지원이 시민감사관의 성공적인 역할 수행을 위해서 매우 중요하다. 간섭이나 지시 등 일방적 관계가 아니라 서로 협의하고 추진하고 반성하여 개선하는 지속적 노력이 필요하다. 특히 감사 담당 공무원들과의 협업이 필수적이다. 물론 감사 담당 공무원들 또한 시민감사관들을 존중하고 협업하는 자세가 중요하다. 이러한 좋은 감사 역량과 자세를 갖춘 감사팀과의 팀플레이 없이 시민감사관 개개인의 역량만으로는 활동의 성공적인 결과를 이끌어 내기는 매우 힘들 것이다.

2) 교육청 구성원들의 참여를 통한 예방

교육청의 모든 구성원이 사업의 설계나 집행 과정에서의 문제점들이 있을 때 이를 신뢰하는 시민감사관들에게 제보하여 해결해 나가도록 이끌어 내는 것이 중요하다. 이들의 신뢰와 참여가 없이는 시스템상의 문제, 구조적인 비리 등을 찾아낸다는 것은 쉬운 일이 아니다. 문제들에 대한 제보와 해결이 반복된다면 해당 사안은 물론 향후 유사한 사례가 재발하는 것을 예방하는 데까지 나갈 수 있다.

최종적으로는 교육청 구성원들이 개혁의 대상에 머무르지 않고 자존감을 갖추어 개혁의 주체로 나서도록 이끌어 내는 것이 시민감사관의 최고의 수준이라 할 것이다.

3) 시민들의 참여와 협력

교육청과 관련된 업체들이나 학부모 등 시민들의 참여와 협력도 요구된다. 이를 위해 온라인상에서 민원, 제안, 질의 등의 게시판을 활용하거나 학부모와 지역 주민들과의 대화의 자리를 갖는 것도 바람직하다.

4) 시민감사관의 학습과 연구, 팀워크와 헌신적 자세

시민감사관은 만능이 아니며 모든 업무를 파악하고 있는 것도 아니다. 따라서 좋은 내부 공무원(일반직, 전문직)들이나 다른 교육청 시민감사관 등과의 교류 협력을 통해 지속적인 학습과 연구가 요구된다. 아울러 시민감사관 내부의 팀워크는 물론 헌신적 자세가 절대적으로 중요하다. 명망성보다 중요한 것은 헌신성이다. 전문성의 부족은 학습과 실전 경험을 통해 극복될 수 있으나 헌신성의 문제는 해결 방법이 없다.

8. 매듭

이 자리를 빌려 필자와 함께 활동했던 시민감사관들, 감사 담당 공무원들에게 감사드린다. 교육 급식이나 사립유치원 분야 특정 감사 등에서 경기도교육청 감사관실이 올린 성과가 있었다면 이는 전적으로 그들의 공로다.

한국투명성기구 20년(1999~2019)을 돌아보며

출범

1990년대까지의 시민사회의 반부패 운동은 고립되고 분산된 형태로 일회적인 활동에 그치는 경우가 대부분이었다. 이런 반성 가운데 반부패 운동을 조직화하고 연대하여 대규모의 국민 참여를 이끌어내는 국민운동으로 전환해야 한다는 필요성이 제기되었다. "반부패 활동을 통하여 국민의 의식을 개혁하고 부정부패를 예방하기 위한 활동을 전개함으로써, 사회 전반의 부정부패를 없애고 맑고 정의로운 사회건설에 기여하는 것"을 기치로 내걸고 20년 전인 1999년 8월 24일 창립된 것이 지금의 한국투명성기구다. 처음에는 단체들의 네트워크로 출발했지만, 조직적 한계에 봉착하면서 정관을 개정하여 개인이 참여하는 조직으로 형태를 바꾸었다.

국제투명성기구와의 연계

국제투명성기구(Transparency International)는 1993년 페터 아이겐 등에 의해 국제적 반부패 운동의 연대체로 출범하였으며, 이후 "부패인식지수"(Corruption Perceptions Index), "뇌물공여지수"(Bribe Payers' Index), "부패 바로미터"(Global Corruption Barometer), "부패 보고서"(Global Corruption Report) 등을 발표해왔으며, 이 책에 부록으로 실은 "OECD 뇌물방지협약"이나 "유엔 반부패협약" 등을 비롯한 국제 협약들의 체결과 이행 모니터링 등에서 중요한 역할을 담당하고 있으며 또한 각국의 반부패 시스템(National Integrity System)에 대하여 조사하고 제안하는 활동을 전개해 왔다. 한국투명성기구는 2000년 캐나다 오타와에서 개최된 국제투명성기구의 연차총회에서 national chapter로 인준을 받아 TI-Korea(South)로 활동해 왔으며, 이후 몇 차례의 재인준을 거쳐 오늘에 이르고 있다. 단체가 처음 출범할 당시의 이름은 '반부패국민연대'였지만, 반부패라는 단어가 너무 강한 이미지를 준다는 문제 제기와 TI와의 연결을 이름에 반영하자는 의견에 따라 2005년 1월 연차총회에서 단체명을 '한국투명성기구'로 바꾸었다.

한국투명성기구는 TI 운동에서 아시아·태평양지역에서 적극적인 활동을 하는 national chapter들 가운데 하나로 인정받아왔으며, 김거성 전 회장은 2004년 케냐 나이로비 총회에서 이사로 선출되고 2007년 인도네시아 발리 총회에서 재선되어 6년 동안 국제투명성기구의 이사로 활동하기도 하였다.

국제투명성기구를 비롯한 국제기구나 회의 등에서 한목소리로 강조하는 바는 단 한 가지로 부패 문제를 해결할 수 있는 '만병통치약'은 없다는 점이다. 그것이 강력한 처벌이든 철저한 법제든 간에 그 자체만으로 성공할 수는 없으며 오히려 종합적인 그리고 그 요소들 사이의 상관관계를 철저히 고려하는 '통전적인 접근'(holistic approach)이 꼭 필요하다는 것이다. 따라서 이런 관점에 기초하여 볼때 부패 문제에 대한 각론적이거나 세부적인 접근만으로는 나무는 보되 숲은 보지 못하는 것과 같은 오류에 빠지기 쉽다는 점을 지적하지 않을 수 없다.

아울러 이런 통전적인 관심은 당연하게 부패 통제의 주체 역할을 과거처럼 사정기관에게만 맡겨 두지 않고 다양한 사회의 각 구성원을 감시 대상의 자리에서 감시 주체의 자리로 이끌어 내도록 한다. 특히 국제투명성기구의 경우는 그 자체로 특정 부패 사안을 조사하거나 폭로·고발하지 않는 것을 원칙으로 삼고 있다. 대신 공공 부문의 책임성을 제고할 도구들, 기업의 윤리경영을 실천할 수단들, 시민사회의 감시와 참여를 활성화할 수 있는 방안들을 제시함으로써 사회의 각 섹터가 반부패 운동의 주체로 나설 수 있도록 이끌어 내는 방식으로 활동해오고 있다. 이것이 이른바 '연대협력체계의 구축'(coalition building)이란 표어로 나타난 것이다.

매년 부패인식지수 발표 등 국제투명성기구와 연계가 한국투명성기구의 귀중한 자산이 된 것은 분명하다. 나아가 이는 UN, UNGC, IACC, OECD-ADB, ASEM, APEC, G20, IAACA 등등 여러 국제 반부패 운동 이니셔티브와 회의 등에 참여하고 기여하는 기회로 이어졌다.

'사전 예방과 제도 개선' 노력

개별 사건의 사후적 적발·처벌 위주의 부패 통제 전략은 부패 유발 환경과 요인 대부분을 방치하는 문제에 빠질 수 있다. 따라서 한국투명성기구는 창립 초기를 제외하고는 지난 20년의 활동을 개별 부패 사건에 집중하는 방식이 아니라 이를 사전에 예방하기 위한 업무 절차나 제도, 의식과 문화의 개혁을 추구하려는 데 집중해 왔다. 이는 국제투명성기구가 초창기부터 개별 사안의 대응과 처리를 만류했던 까닭이기도 하지만, 보다 전문적이고 효율적인 결과지향 단체로서 나아가려는 관점에서 비롯되었다.

창립 초기 공직선거후보자전과공개운동을 전개하여 이를 입법화하는 데 기여하였다. 국제투명성기구의 '청렴서약'(integrity pacts) 제도를 국내에 소개하여 '청렴계약제'라는 이름으로 도입되었다. 국방획득제도 개선을 위해 민간이 모니터링 등에 참여하는 방위사업 옴부즈만 제도가 포함된 방위사업법 제정 노력을 기울였다.

또한 한국투명성기구는 참여연대, 경실련, 한국YMCA전국연맹, 흥사단 투명사회운동본부 등과 지속적인 연대 활동을 통해 '부패방지법'이나 '공익신고자보호법', '부정청탁방지법' 제정 등 법제 정비를 추구하여 일정한 진전을 이루어 내었으며, 최근에는 '고위공직자범죄수사처' 설치에 목소리를 보태고 있다. 하지만 이런 접근 방법에만 집중한 것은 한국투명성기구가 현안들에 대한 이슈 파이팅을 통해 여론의 지속적인 주목을 받거나 하는 등의 방식으로 국민적 관심을 이끌어 내는 데에는 약점으로 작용하였다.

'장기적이며 지속 가능한 반부패 전략' 추구

지금까지의 대다수의 부패 대책은 단발적 조처에 불과했다. '서정 쇄신'이나 '정의사회구현', '윗물맑기운동', '부패와의 결전' 등을 내건 정권 초기의 기세는 일시적으로 반짝 진행되다가 시간이 경과하면 슬 그머니 사라져 용두사미 격이 되어버리고 오히려 정권의 핵심이 부패 의 핵심이 되는 현상이 계속 반복되어 왔다.

따라서 한국투명성기구는 '장기적이며 지속 가능한 반부패 전략' 을 추구할 것을 강조하며, "적어도 4차에 걸친 반부패 5개년 계획, 즉 20년의 계획에 근거한 세부 실행 프로그램이 마련되어야 한다"고 주 장해 왔으며, 이런 관점에서 "2020 청렴국가 실현을 위한 정책과제" 를 제시하기도 하였다. 이는 문재인 정부 시기에 들어와서 '반부패 5 개년 종합계획'을 통해 부분적으로 반영되기 시작했다.

반부패를 '사회적 합의'로

한국투명성기구는 반부패에 대한 사회적 합의를 이끌어 내는 일에 집중해왔다. 이전까지는 반부패를 향한 공공 부문과 기업, 시민사회 등의 협력 체계가 거의 없었고, 서로를 향한 비난과 책임 전가, 자신을 합리화하는 분위기로 말미암아 사회적 갈등은 격화되고 부패 문제의 극복을 위한 실질적인 진전은 별로 이루어지지 못했다. 그런 점에서 한국투명성기구의 이니셔티브로 2005년 3월 9일 체결된 '투명사회 협약'은 한국 사회에서 반부패 투명성을 지향해야 한다는 사회적 합의로 중요한 의미를 가진다 하겠다. 국제투명성기구도 이를 한국에서 시작된 반부패 운동의 '역할모델'이라 평가한 바 있다. 그렇지만 2008년 이명박 정부로 바뀌면서 협약 정신이 깨어진 것은 지속성의 중요한 한계였다고 지적할 일이다.

반부패 의식과 사회문화 강조

지난 2002년 반부패국민연대가 전국에서 중고생 3천여 명을 대상으로 한 조사에서 47.3%는 "보는 사람이 없으면 법을 지킬 필요가 없다"고 대답했으며, 더구나 16.8%는 "감옥에서 10년을 살아도 10억을 벌 수 있다면 부패를 저지를 수 있다"고 대답한 것으로 나타났다. 이런 형편을 그대로 방치한 채 이들이 자라 사회의 주역이 될 때는 우리나라의 부패 인식 지수가 크게 개선되리라고 기대하기는 어렵다. 이런 형편에도 불구하고 사회 각 분야에서 '윤리 인프라의 구축'이라는 과제는 중심 의제에서 멀리 벗어나 있었다. 한국투명성기구는 국민들의 의식과 그 바탕이 되는 사회문화의 문제점에 대해 깊이 인식하고 학교, 사회, 공직, 기업 등의 반부패 교육 체계 구축 등을 포함한 장기적인 청렴 사회 건설 전략을 마련하는 것이 필요하다고 강조해왔다. 또한 국제투명성기구 운동에 대해서도 청소년윤리의식조사(Youth Integrity Survey) 등을 제안하였으며, 청소년 주제를 2015 전략 등에 포함시킬 것을 주장하여 이를 관철시켰다.

거대 부패에 대한 주목

한국투명성기구는 부패를 공무원과의 직접적인 뇌물수수라고 협의로 해석하는 것에 문제를 제기하고, 법률이나 제도를 동원하여 합법을 가장한 '지위나 권한의 남용'에 주목하여 왔다.

특히 정책이나 제도 등이 특정한 이익집단의 탐욕을 채워 주는 방식으로 왜곡되는 이른바 '정책 포획'(policy capture) 현상을 극복할 것을 주장했으며, 아울러 전관예우나 회전문인사 등으로 간접적인 '시간차 부패' 또는 '지능적 부패' 등을 극복할 것을 요구해왔다.

대표적으로 '4대강 사업'이나 회사의 탐욕을 추구하기 위해 민자 사업 등에서 예상 통행량이나 탑승객 숫자 등의 예상치를 뻥튀기하고 왜곡하여 실질적으로 국민의 세금이나 부담을 함부로 빼앗아 가는 구조에 대해 문제를 제기해왔다. 또한 최순실·박근혜 국정농단 또한 본질이 거대 부패임을 지적하고 이에 항거했다.

한국투명성기구는 직접적인 경제적 이익에 연결되지 않는다고 하더라도 직장 내 성희롱, 성추행, 성폭력, 이른바 '갑질'이라고 불리는 지위나 권한의 남용 또한 광의의 부패 개념에 연결되는 점을 강조한다.

이런 관점에서 지속가능개발목표 16.5의 달성을 측정할 지표가 부패를 뇌물로 단순화한 전제를 가지고 있음을 비판하고 있다.

반부패 활동가, 희생자들과의 연대

2000년 제정된 '투명사회상'은 부패를 드러낸 공익제보자, 언론 프로그램이나 영화 등 제작물, 공공기관이나 회사 등에 이르기까지 많은 반부패 활동가들이나 희생자들과 연대하고 그들에게 힘을 실어 주어 왔다.

부패와 탐욕의 극복을 향하여[*]

아시아와 유럽의 만남

제12차 아시아-유럽민간포럼(Asia-Europe People's Forum 12, 이하 AEPF)은 오는 10월 18-19일 벨기에에서 열리는 제12차 아시아-유럽 정상회의(ASEM Summit)를 앞두고 시민사회의 목소리를 내는 기회로 조직된 행사다. 필자는 이 포럼에 초청을 받아 지난 2016년에 이어 두 번째로 참가하게 되었다.

추석 연휴 기간 아이들은 함께 놀아달라고 계속 성화였지만, 원고 하나를 작성하느라 계속 컴퓨터 앞에 붙어 있어야 했다. 9월 28일 시간에 쫓겼던 원고를 보내고 곧바로 공항으로 향했다. 오후 8시 출발, 벨기에 브뤼셀 공항에 도착하니 29일 토요일 아침 7시, 경유 시간 포함 총 18시간이 걸렸지만 씻고 옷 갈아입을 시간도 없이 기차로 헨트 Ghent에 도착, 다시 트램을 타고 행사장 근처에 내렸다. 하지만 나이든

---

* 제12차 아시아유럽민간포럼(AEPF)참가기(오마이뉴스, 2018.10.08.)

ASEM12 포스터 제12차 아시아유럽정상회의 포스터(왼쪽),
AEPF12 포스터 제12차 아시아-유럽민간포럼(AEPF12) 포스터(오른쪽)

어르신들만 계시고 주소와 장소 이름을 보여주어도 정확히 아는 사람
이 없이 짐가방을 끌고 울퉁불퉁한 돌들로 포장된 중세기풍 거리를
한참 헤맨 끝에야 겨우 University of Ghent, Hed Pand 건물을 찾
을 수 있었다. 도착해 보니 행사장이 생각했던 규모와 전혀 달랐다.
2년 전 울란바토르에서 개최되었던 제11차 포럼은 몽골 대통령궁에
서 열렸기 때문에 이번에도 그런 행사장이려니 했던 선입견이 잘못이
었고, 그것이 또한 사람들이 잘 몰랐던 까닭이기도 했다. 역시 유럽이
구나 생각하도록 이번 포럼은 13세기 수도원에서 사용했던 오래된 건
물에서 규모도 줄인 형태로 진행되고 있었다.

　하지만 참가자들이 열정과 세계를 바르게 변화시키고자 하는 열

AEPF12 개막식 제12차 아시아-유럽민간포럼(AEPF) 개막식이 벨기에 헨트에서 열렸다.

망은 전혀 변함이 없음을 확인할 수 있었다. 제11차 포럼에서와 마찬가지로 개막식 행사에는 2012년 라오스에서 열린 9차 AEPF 현지 행사책임자였고 이후 강제 연행당해 실종된 솜밧 솜폰Sombath Somphone의 부인을 초청하여 다시 한번 이를 규탄하면서 그를 기억하였다. 그는 라몬 막사이사이 상 수상자였으며, 실종 이후 2015년 5.18기념재단으로부터 광주인권상 특별상을 받기도 한 활동가다. 숙연함과 아울러 참가자들의 연대 의식과 강인한 투쟁 의지를 확인할 수 있는 기회가 되었다.

사흘 동안의 행사 개막식에 해당하는 오전 전체 회의가 끝난 후 오후에는 두 주제로 나뉘어 몇 사람의 발표를 듣고 참가자들이 몇 명씩 그룹으로 토론하는 시간이 이어졌다. "새로운 정치적 '정상'"(the new political 'normal')이란 제목에 끌려 참가했는데, 아시아와 유럽을 포함한 세계 많은 나라들에서 전체주의적인 독재체제, 대중인기영합주의

한반도 평화 프로세스 분과 "한반도: 최근 진전과 평화를 향한 새 희망" 분과 참가자들이 회의 후 한반도기를 들고 기념사진을 찍었다.

와 인종차별, 이주와 강제퇴거, 정치적 행동과 시민권 적극 행사의 공간 침몰 등이 마치 정상인 것처럼 흐름을 이루고 있는 것을 빗댄 제목이었다.

마음속의 철조망을 걷어내어야

다음 이틀 동안 각각의 주제별로 묶여진 분과회의가 열렸다. 팔자는 첫 번째로 평화와안전클러스터, 참여연대, 김대중평화센터, 일본 원수폭반대협의회(原水協), 국제평화협회 등이 조직한 "한반도: 최근 진전과 평화를 향한 새 희망"이란 주제를 골랐다. 겨레하나평화연구센터 이준규 객원연구위원과 참여연대 박정은 사무처장이 최근 남북미 사이의 대화와 관계 변화를 소개하고 참가자들은 이를 환영하며 또 축하하는 분위기였다.

1994년 문익환 목사님이 통일맞이칠천만겨레모임을 제안하고 돌아가셨는데 장례식 후 그 조직에 참여하여 초대 사무총장을, 수평적 정권교체 이후 1998년 자주평화통일민족회의 사무처장을 맡았던 기억을 떠올리며 필자의 다섯 가지 논점과 요청 등을 정리해 보았다.

한반도 평화 프로세스를 위한 제언

1) "미래를 위해 말하라"(Speak for the future): 상호비방과 적대시, 핵무장과 전쟁위협 등의 과거를 딛고 남북, 북미, 남북미 등이 대화와 화해, 협력을 통해 휴전 상태로부터 평화와 번영의 미래로 나가는 데 대하여 환영과 지지를 바란다. 특히 평화가 먼저 나오고 번영이 뒤를 따르도록 해야 한다.

2) "민중의 입장에서 말하라"(Speak on behalf of the people): 특히 남북관계가 통치자들의 입맛대로 재단되어서 개었다 흐렸다 하면 안 된다. 반대로 남북 민중과 세계 시민의 요구를 반영하고 부응하는 방향으로 발전되어 나가도록 해야 한다.

3) 후속적으로 동서독이 통일 이후 겪는 '머리 속의 장벽'(Mauer im Kopf) 문제처럼 남북에서도 '마음 속의 DMZ'(DMZ in mind)가 있을 텐데, 이를 최소화하고 해체해 나갈 수 있도록 사회 각 분야의 대화와 협력을 강화하고 구체적인 프로그램들을 추진해 나가야 한다.

4) 이를 위해 이번 벨기에 회의에서 아시아-유럽의 모든 국가 정상들이 이런 대화를 지지하고 성공을 이끌어 내도록 어떻게 지원할 것인지

그렇지만 실제로는 시간이 모자라 마지막 토론자로 나서서 문익환 목사님이 통일맞이를 통해 이바지하고자 하셨던 3번 의제에 대해서만 집중해야 했다. 참가자들은 한반도뿐만 아니라 동아시아 지역을 비핵지대화하도록 함께 노력해야 한다는 데 의견을 모았다.

부패와 탐욕의 극복을 향하여

"기업의 탐욕에 맞선 공공의 건강"(Public health against corporate greed) 주제의 분과에서는 부패 구조가 어떻게 납세자의 돈을 조직적으로 빼가는가에 대한 필리핀, 중국 등의 여러 사례들이 소개되고 토론이 이어졌다. 필리핀에서 뎅기열 바이러스를 예방한다는 명목으로 구입, 접종한 Dengvaxia라는 백신 사례가 소개되었다.

이미 2014년 필리핀 대통령이 중국 방문 시 해당 약품 제조사인 사노피(Sanofi Pasteur) 회사 부회장을 만난 이후 필리핀 식약청은 급작스레 이 백신 시판을 허가해 주었고, 필리핀 정부는 뎅기열 위험지역에 거주하는 9세에서 40세에 이르는 3백만 명에게 접종하겠다며 2016년 1월 약 730억 원(35억 페소)어치의 백신을 주문한다. 이 금액은 과연 필리핀 정부가 전체 예방 접종에 쓸 예산 중 얼마나 차지할까?

AEPF12 폐막식 제12차 아시아-유럽민간회의 폐막식을 통해 논의 결과를 각국
국회의원들에게 전달하고 인도네시아 지진 희생자들을 위한 애도의 시간을 가졌다.

더구나 해당 예산 수립 과정에서 필수적인 절차들은 무시되었다고 한다.

그러나 2016년 3월 세계보건기구(WHO)는 이 백신이 효과가 없
거나 처음 접종 시 혈청반응이 음성인 사람들에게 오히려 위험에 빠
뜨릴 수 있다고 발표한다. 같은 해 7월에는 연령과 무관하게 그 접종
을 받은 사람에게 자연적인 감염과 같은 증세가 보일 수 있다고 경고
한다. 그렇지만 2017년 12월 현재 이미 필리핀 학생들을 중심으로
80만 명 정도가 접종을 받았고, 그들 중 9명이 사망했으며, 40명은
위중한 상태로 보고되었다. 필리핀 정부는 2018년 1월 사노피 사로
부터 전체 백신 대금 중 3분의 1에 해당하는 미사용분 11.6억 페소에
대해 환불이 완료되었다고 발표한다. 현지 언론은 이 과정에서 고위
층과 해당 회사의 커넥션이 있었음을 탐사 보도한 바 있다. 발표자들
에게 한국에서도 가습기 살균제 사건 사례가 있었다고 소개하니 이미
알고 있다고 한다.

부패는 이른바 촌지나 커피 캔 하나의 선물, 3만 원 넘는 접대 등에 국한되는 것이 아니다. 결국 더 큰 문제는 자신의 지위나 권한을 남용하여 뒤에서 협잡하여 이권을 챙기고 대신에 정책과 판단을 그르쳐 납세자의 세금을 낭비하여 국민 다수의 이익을 배반하며, 나아가 오히려 사람들의 안녕과 생명을 위험에 빠뜨리는 권력자들의 '정책 포획'(policy capture)이다.

지금까지 필자가 다녀본 100차례 가까운 국제 행사 거의 대부분이 반부패 또는 이와 직접 연관된 주체로 개최된 것들이어서 이번 포럼에서는 다른 다양한 주제들을 접할 수 있겠구나 하는 기대가 있었다. 그렇지만 역시 부패 문제는 별도의 영역이 아니라 보건의약, 언론 자유, 노동, 인권, 성평등, 환경, 평화, 부존자원, 개발, 핵 문제 등을 포함한 많은 주제들과 연관되어 있음을 이번 포럼에 참가하며 새삼스럽게 확인하였다. 짧은 사흘간의 포럼을 마치고 귀국하니 곧바로 이명박 전대통령의 부패 사건에 대한 1심 판결이 기다리고 있었다. 이번 포럼 참가자들이 남성 소변기에 부착해 둔 아시아 지역 어떤 권력자의 얼굴이 아직도 눈에 선하다.

사학 공공성 제고를 위한 과제들*

사학 자주성의 한계

사립학교(이하 '사학')의 자주성과 공공성은 서로 보완적일 수는 없는가? 한국 교육의 현실에서 사학의 자주성은 많은 경우 공공성 요구에 대응하는 논리적 근거로 활용되어 왔다. 공공성 강화를 요구하면 이는 자주성을 침해한다는 논리로 이를 반대해온 것이다. 지난 2007년 학교법인에 이사 정수의 4분의 1에 해당하는 이사를 개방 이사로 선임하도록 사학법을 개정하는 과정에서도 이런 논리가 개진되었다.

지난 2015년 6월에 이른바 '김영란법', 즉 부정청탁 및 금품 등 수수 금지에 관한 법률이 제정된 데 대하여 한국사학법인연합회 산하 4개 단체가 헌법소원을 제기한 것으로 알려졌는데, 보도에 따르면 이 헌법소원의 주요 논지는 "사립학교는 '공공기관의 운영에 관한 법률'

---

* 이 글은 김거성 목사가 경기도교육청 감사관 시절 '사학의 투명성 및 공공성 확보를 위한 토론회'에서 한 발제문이다.

에 근거한 공공기관의 범주에 포함되지 않는다"며 "무리하게 사립학교 교직원과 학교법인 임원을 공직자 범주에 포함시키는 것은 헌법상 기본권인 사립학교의 설립과 운영의 자유를 침해하는 것"이라고 한다.[1] 대한민국헌법 제31조 제4항에서 "교육의 자주성·전문성·정치적 중립성 및 대학의 자율성은 법률이 정하는 바에 의하여 보장된다"고 규정하고 있다는 점을 자주성의 근거로 삼고 있는 셈이다.

그렇지만 교육의 자주성은 무제한의 보장이 아니라 법률로 정하는 바에 의하여 보장되는 것이다. 즉, 헌법의 같은 조 제6항에서 "학교교육 및 평생교육을 포함한 교육제도와 그 운영, 교육재정 및 교원의 지위에 관한 기본적인 사항은 법률로 정한다"고 규정하고 있다는 점은 애써 무시하고 자주성만을 주장하려 들어서는 안 된다.

더욱이 실제로 교육청 관할 사립학교들 대부분이 학교 운영에 필요한 기준재정수요액(교직원인건비, 법정부담금, 학교운영비 등)의 부족분을 국민의 세금으로 조성된 재정결함보조금 지원을 통해 해결하고 있으며, 실제로 경기도교육청 관내 사학법인들의 경우 법정전입금 납부의 금액 비율은 15%에도 미치지 못하는 형편이다.[2]

---

1) "사학연합회, '김영란법' 헌법소원 제기"(뉴시스, 2015. 06. 24.)
   https://www.newsis.com/ar_detail/view.html?ar_id=NISX20150624_0013748557&cID=10201&pID=10200.
2) "도내 사립학교 법정부담금 449억 원, 실제 납부액 66억… 9곳은 3년간 '0'"(기호일보, 2015. 9. 13): (전략) "(경기)도내 230여 개 사학법인의 법정부담금 기준액 대비 납부율 평균은 지난 2012년에 17.7%, 2013년에 16.1%, 2014년에는 14.7%로 20%를 훨씬 밑돌았다. 이에 따라 지난 2014년 도내 230개 사학법인이 납부해야 할 법정부담금 기준액은 449억8천309만 원이었지만 실제 납부액은 66억1천28만 원에 그쳤다. 법정부담금 납부율이 5% 미만인 학교는 지난 2012년 96개교(41.9%)에서 2014년 104개

비리 사학, 황금알을 낳는 비즈니스?

본 발제자는 이사회 내분을 겪고 있는 모 사학법인의 이사장이 교육청 간부에게 "내가 이 학교는 딸이 아니라 아들에게 상속시켜 주겠다"고 했다는 이야기를 전해 들은 적이 있다. 이 말에서 사학법인이나 학교는 상속 증여 가능한 여느 부동산과 다름없는 그저 재산의 일부로 취급하고 있음을 알게 된다.

모두는 아니지만 이런 경우는 대외적으로 아무리 미사여구를 써서 '육영사업'이라 하더라도 실제로는 학교법인을 동원하여 변칙적으로 재산을 상속시켜주고 그 과정에서 증여세나 상속세 등의 세금을 포탈할 수 있는 수단으로 써먹는 것이다. 물론 가끔씩 자손들 사이에 내분이 발생하여 속을 썩이는 경우도 없지 않지만, 자손 대대로 직장이 보장되고 더욱이 가끔씩 교직원 채용이나 공사, 물품구매 등의 과정에서 '부수입'까지 챙길 수도 있다. 그러한 일부 문제 사학의 관점에서는 사학법인이나 학교, 교육을 공공성과는 무관한, '황금알을 낳는 비즈니스'로 인식하고 있음이 분명하다.

비리 사학들은 그런 수익을 극대화하기 위해서 온갖 연줄을 동원하고, 직무 관련자들에게 뇌물이나 향응 제공으로 유착관계를 강화해 나간다. 이들은 민주적 공동체 실현 요구를 받아들이기보다는 이를 제압하기 위해 법적·행정적 조치들을 남발한다.

교(45%)로 늘어났으며 3년간 법정부담금을 전혀 납부하지 않은 학교도 9곳에 달했다." (후략)

그 과정에서 고통당한 많은 '공익제보자'들이 있었으며 또 지금 현재도 여기저기에서 이들이 고통당하고 있다. 그러나 부패방지 및 국민권익위원회의 설치와 운영에 관한 법률도, 공익신고자보호법도 비리 사학에 맞서 싸우는 이 공익제보자들을 제대로 보호하지 못하고 있는 것이 안타깝지만 현실이다.

사학 공공성 제고를 위한 법제의 방향과 과제

학교법인 운영권의 유상 양도는 금지·처벌되어야

학교법인, 장학재단, 사회복지법인, 공익법인 등은 설립자나 출연자에게 세제상의 많은 혜택을 주고 있다. 왜 그러한 혜택을 주는가? 교육(헌법 제31조)과 복지(헌법 제34조) 등 국가가 담당해야 할 공공의 과제를 그러한 법인들이 함께 참여하여 수행한다는 점을 전제로 한 것이 아닌가? 공익법인의 설립·운영에 관한 법률(이하 '공익법인법') 제1조는 이 법의 목적이 "법인의 설립·운영 등에 관한 「민법」의 규정을 보완하여 법인으로 하여금 그 공익성을 유지하며 건전한 활동을 할 수 있도록 함"이라고 적시하고 있다. 공익성 내지는 공공성이 제대로 갖추어지지 않은 법인에 세제상의 혜택을 준다면 이는 조세회피나 탈세와 어떤 다름이 있는가? 학교법인 등의 설립 과정에서 대단한 세제상의 혜택을 받고서 이후에도 법인의 재산을 자기 소유라고 주장하고, 심지어 학교법인(운영권)을 사고파는 일까지도 비일비재하다면 이는 참으로 경악스럽고 개탄을 금치 못할 일이라 하지 않을 수 없다.

지난 2014년 대법원이 "학교법인 운영권의 유상 양도를 금지·처벌하는 입법자의 명시적 결단이 없는 이상 학교법인 운영권의 양도 및 그 양도대금의 수수 등으로 인하여 향후 학교법인의 기본재산에 악영향을 미칠 수 있다거나 학교법인의 건전한 운영에 지장을 초래할 수 있다는 추상적 위험성만으로 운영권 양도계약에 따른 양도대금 수수행위를 형사 처벌하는 것은 죄형법정주의나 형벌법규명확성의 원칙에 반하는 것으로서 허용될 수 없다"3)고 한 판결도 사회적 상식을 크게 벗어난 것이라 하지 않을 수 없다. 다만 이 판결을 최대한 이해하려 한다면 법 논리를 들어 "학교법인 운영권의 유상 양도를 금지·처벌하는 입법자의 명시적 결단"을 우회적으로 촉구한 것이라고 할 수 있을까?

이제 사학법을 개정하여 학교법인 운영권의 유상 양도는 금지하고 이를 위반하는 경우 형사 처벌할 뿐만 아니라, 해당 금액의 몰수는 물론 이사 전원의 취임 승인 취소4)와 임시이사 파견 등으로 강력하게

---

3) 대법원 2014.1.23, 선고, 2013도11735, 판결. 관련 기고: 김행수, "학교 사고팔아도 된다는 대법원, 국가망신이다"(오마이뉴스, 2014. 03. 04.) https://omn.kr/7130 참고.
4) 현행 사립학교법 시행령 제9조의2(시정요구 없는 임원취임의 승인취소에 대한 세부기준)는 "① 법 제20조의 2 제2항 단서에 따라 시정요구 없이 임원취임의 승인을 취소할 수 있는 경우는 다음 각 호와 같다. 「개정 2008.6.5」 1. 관할청이 시정을 요구하여도 요구기한 내에 시정할 수 없는 것이 명백한 경우 2. 임원이 학교법인 및 학교의 회계 등에서 「사이버대학 설립·운영 규정」 제7조 제1항 및 「고등학교 이하 각급 학교 설립·운영 규정」 제13조 제1항에 따라 확보하여야 하는 당해 학교법인의 수익용기본재산의 30퍼센트 이상(고등학교 이하의 학교법인의 경우에는 50퍼센트 이상)에 대하여 회계부정한 사실이 법원의 판결 또는 관할청의 감사에 의하여 명백히 확인된 경우 3. 임원이 학교법인의 재산을 횡령하거나 교직원 채용 및 시설공사 등과 관련하여 금품을 수수한 사실이 법원의 판결 또는 관할청의 감사에 의하여 명백히 확인된 경우 ② 법 제20조의2제2항에 따라 관할청이 임원취임의 승인을 취소하는 경우에는 청문을 실시하여야 한다."라고 되

대응하도록 해야 한다.

사학법의 준용 규정은 공익법인법을 기본적으로 따르게 해야

현행 사학법은 학교법인의 설립, 해산과 청산 등에서 기본적으로 민법을 준용하도록 규정하고 있다. 이는 1960년대에 사학법을 민법으로부터 독립시키는 과정에서 비롯된 것으로 보인다. 그러나 앞에서 살펴본 바와 같이 학교법인의 공공성을 제고하기 위해서는 이제 사학법의 준용 규정을 법에서 규정한 사항을 제외하고는 민법과 공익법인법을 준용하도록 개정하는 것이 옳은 방향이다.

학교법인 해산시 잔여 재산을 관할청에 귀속시켜야

마찬가지로 현행 사학법은 제80조(잔여재산의 귀속)에서 "해산한 학교법인의 잔여재산은 합병 및 파산의 경우를 제외하고는 교육부장관에 대한 청산종결의 신고가 있는 때에 정관으로 지정한 자에게 귀속된다"고 규정하고 있으나 이 또한 민법의 준용으로 볼 수 있다(표 1. [사립학교법 등 잔여재산 귀속 조항 비교] 참고). 앞으로는 학교법인 해산시 잔여재산은 정관으로 정하는 자에게 귀속되도록 할 것이 아니라 공익법인법의 정신을 존중하여 국가 또는 지방자치단체, 즉 관할청 구분에 따라 대학급은 국가로, 유초중고급은 관할 교육청으로 귀속되도록 하는 것이 필수적이다.

어 있으나, 제1항 제4호에 "임원이 학교법인의 운영권을 유상으로 양도한 사실이 법원의 판결 또는 관할청의 감사에 의하여 명백히 확인된 경우"를 추가하는 것이 필요하다.

사학분쟁조정위원회와 교육청의 협조체계 확보해야

사학법 제24조의2는 임시이사의 선임과 해임 및 임시이사가 선임된 학교법인의 정상화 등에 관한 중요 사항을 심의하기 위하여 교육부장관 소속으로 사학분쟁조정위원회(이하 '조정위원회')를 두도록 규정하고 있다. 그런데 그 위원들은 대통령, 국회의장, 대법원장이 추천하는 자들로 구성되도록 하고 있다. 하지만 지역의 유초중고급의 사학법인들의 형편이나 정상화를 위한 바람직한 조정 방향, 적절한 임시이사 후보자 등에 대해서 중앙의 조정위원회가 깊이 있게 이해하는 것은 매우 어려운 일이다.

이제 교육의 자주성 및 전문성과 지방교육의 특수성을 살리고자 하는 교육자치의 정신을 존중하여 유초중고급 사학법인 관련 사안을 다루기 위해서는 먼저 해당 법인 관할청(교육감)의 의견을 듣도록 하는 것이 꼭 필요하다.

사학을 공익신고보호 대상에 포함시켜야

2016년 1월 25일부터 시행되는 공익신고자 보호법 개정안에서도 사립학교에서의 제보 행위는 실제로는 '공익'을 위한 제보이며, 관할청의 임무를 지원하는 것임에도 불구하고 보호 대상에서 제외되어있는 형편이다.

이제 동법 제2조 제1호는 "공익침해행위"를 "국민의 건강과 안전, 환경, 소비자의 이익 및 공정한 경쟁을 침해하는 행위로서 다음 각 목의 어느 하나에 해당하는 행위"로 규정하고 있으나 이제 "국민의 건강과 안전, 교육, 복지, 환경, 소비자의 이익 및 공정한 경쟁을 침해하는 행위로서 다음 각 목의 어느 하나에 해당하는 행위"로 확대하는 것이 필수적이다. 이를 위해 공공성이 매우 중요하고 국가가 담당해야 할 과제를 분담하고 있는 사립학교(법인)나 사회복지사업(법인), 공익법인 영역 등을 포함시켜 별표1의 법률 목록에 다음 법률을 추가해야 한다.

· 사립학교법
· 사회복지사업법
· 공익법인의 설립·운영에 관한 법률

사학 공공성 강화를 위한 시민사회의 과제

사학 공공성은 몇 가지 법제의 제·개정을 통해서 저절로 강화되는 것은 아니다. 사학의 내부 구성원, 학부모나 관계자, 시민사회의 근본적인 인식의 전환과 실천의 용기 없이는 그러한 법제의 변화란 현실 사학비리의 발본색원이나 공공성 강화로 이어지지 않는 미사여구에 불과할 것이다. 또한 사학법인 스스로 자정 노력도 필수적이다. 일부 비리 사학으로 말미암아 건전한 사학들까지 싸잡아 욕을 먹고 손가락질당하는 일이 없도록 법제를 손질하는 일에 적극 협조하기를 기대한다. 이를 통해서만 비리 사학은 도태되고 건전사학이 발전해 나갈 수 있다.

아울러 교육청이나 교육부 등 관할청의 각성과 공공성 강화를 위한 비상한 관심과 지원, 법의 적용이 지속적으로 이루어져야 한다.

부록 / 인터뷰로 만난 김거성

"지금은 '뇌물 없는 부패'의 시대…
사회적 통제 절실"

☙❧

일시: 2020년 12월 9일

매체: 「오마이뉴스」

"지금은 '뇌물 없는 부패'의 시대, 사회적 통제 절실"
— 김거성 전 청와대 시민사회수석이 바라본 '국제 반부패의 날'

매년 12월 9일은 '국제 반부패의 날'이다. 그래서 이날을 맞아 전 국제투명성기구 이사였고, 한국투명성기구 회장을 지냈던 김거성 목사와 우리나라의 부패 문제에 대해 인터뷰를 진행했다. 그는 지난 2019년 8월부터 1년여 동안 청와대 시민사회수석을 지내기도 했다. 다음은 지난 1일부터 8일까지 김거성 전 수석과 인터뷰한 내용이다.

시민사회수석 시절의 김거성

― 지난 1년 여 시민사회수석을 지내면서 가장 보람 있었던 일과 아쉬웠던
  일은?

"가장 보람 있었던 일은 우리 사회의 민주화, 노동자의 권리를 위해 헌신
희생하신 분들에게 국민훈장을 드릴 수 있었던 점이다. 지난 6월 10일 6월
항쟁, 33주년 기념식에서 정부는 민주화운동에 공로가 큰 이한열 열사 어
머니 배은심 여사와 돌아가신 열한 분에게 국민훈장 모란장을, 제임스 시
노트 신부와 조지 오글 목사 두 분에게는 국민포장을 드렸다.
또 11월 13일에는 전태일 열사 50주기를 맞아 국민훈장 무궁화장을 추서
했다. 이는 국가와 국민들이 이분들에게 해야 할 최소한의 책임이라고 생
각했다. 물론 그분들을 기억하고 훈장을 드리는 것만으로 끝나서는 안 된
다. 민주화운동유공자예우에관한법률도 제정되어야 하겠고, 무엇보다도

그분들의 유지를 이어받아 돈이나 권력이 아닌 사람과 생명이 먼저인 나라를 만들어 나가는 데 더욱 매진하겠다는 다짐의 계기가 되기를 기대한다. 아쉬웠던 일은 민주시민교육과 관련해서다. 나는 우리나라가 민주시민교육을 통해서 지속 가능하게 민주주의를 발전시켜나갈 수 있는 역량을 더 키워나가는 일이 필요하다고 생각해왔다. 하지만 제도와 프로그램을 정착시키지 못한 상태에서 의제 설정만 해놓고 청와대를 떠나게 되었다. 민주시민교육은 국민을 이른바 '계도'하는 것이 아니라 어떤 논쟁적인 주제에 대해서 서로의 의견을 표현하고 경청하면서 일종의 사회적 합의를 모아내서 가는 과정이다. 그런 과정들을 통해서 국민들의 민주주의의 역량을 더 강화하자는 것이 그 취지다.

꼭 학교 교육뿐만 아니라 사회에서도 마찬가지로, 국가의 여러 영역에서 이런 것을 제대로 추진하기를 기대한다. 학교 민주시민교육에 대해서는 일정하게 요구와 강조를 해왔던 그런 목소리들이 있었지만, 사회의 민주시민교육에 대해서는 아직 과제들이 충분히 제시되지 못했다. 민주시민교육이 힘을 받을 수 있도록 학생평가와 입시 등뿐만 아니라 임용시험, 입사 시험, 나아가 승진이나 관리자로서 자격 등을 평가하는 과정에서 민주시민교육 내용의 이해와 실천이 충분히 반영되는 것이 절실한 과제들 가운데 하나라고 생각한다."

— 지난 2004년부터 2010년까지 우리나라 최초로 두 차례 국제투명성기구 이사로 선출되어 활동했다. 당시 국제투명성기구 이사로 활동하면서 느꼈던 점은?

"무엇보다도 부패란 어떤 특정한 국가에서만 이슈가 되는 것이 아니구나, 세계적으로 잘사는 나라든 살기 어려운 나라든 상관없이 부패 문제로 씨름하고 있다는 것을 크게 느꼈다. 또 하나, 그 활동을 통해서 부패에 대해서는 어떤 특정한 한두 가지 만병통치약이 없고 오히려 통전적으로 접근을 해야 하며, 아울러 공공 부문과 기업 부문 그리고 시민사회 등 각 분야가 함께 역할하고 지속 노력해야 하는 것이라는 사실을 깨닫게 되었다. 나는 인준위원회, 감사위원회, 윤리위원회, 청렴위원회 등에서 활동했는데, 국제투명성기구라는 반부패 운동조직조차도 NGO의 내부 거버넌스, 예를 들자면 행동강령 준수라든지 윤리 문제에 대한 관리 등에서 철저하게 해 나가려고 하는 노력을 확인할 수 있었다."

— 지난 12월 초 우리나라에서 제19차 국제반부패회의(IACC)가 열렸다.
　　이번 IACC 의의를 어떻게 평가하나?

"이번에 우리나라가 주최한 IACC는 원래 지난 6월에 개최될 예정이었다. 하지만 코로나19 확산으로 연기되어 12월에, 그것도 온라인으로 개최하게 되었다. 11월 30일부터 12월 7일까지 온라인으로 7,000여 명이 등록해서 전 세계에서 참여했다. 지난 2003년에도 제11차 반부패회의를 우리나라에서 개최했던 적이 있지만, 이번에는 한국 사회의 반부패 노력과 반부패 의지 등을 국제 사회에 더 널리 알리는 데 일정한 성과를 거두었다. 동시에 국제 사회의 반부패 노력에 대해 국내에서 공유하는 데에도 큰 역할을 했다.

IACC를 특정 국가에서 개최할 경우에는 항공료나 체재비 외에도 원래는 50만 원에서 70만 원 되는 등록비를 부담해야 하기에 보통 1,200명에서 1,500명 사이의 참가자들로 국한되었다. 그런데 이번 회의는 줌이나 유튜브 등을 활용해 온라인으로 개최되었고 회비도 받지 않았기 때문에 5배 정도 되는 인원이 참가했다. 그래서 팬데믹에도 불구하고 IACC 실무를 담당하는 국제투명성기구에서도 대성공으로 평가했다.

우리나라에서는 국민권익위원회가 주관이 되어 이번 회의를 준비했는데, 내국인 234명을 포함 총 7,480명이 등록했다. 전체 회의 같은 경우에는 대부분 다 통역을 제공해서 이 내용들을 공유를 할 수 있었다. 그래서 국제사회의 반부패 흐름을 이해할 수 있는 좋은 기회가 되었다. 그리고 "투명사회협약" 등 한국의 반부패 노력들에 대해서도 국제 사회에 유엔공용 6개 언어로 전부 통역되었다. 그래서 이러한 과정을 통해서 실제로 국제 사회에 한국의 반부패 의지나 모범사례 등에 대해서 충분히 알릴 수 있었다. 더불어 회의 내용들은 사후에도 유튜브 등을 통해 다시 보기가 가능하다는 점에서 비대면 회의의 모델이 될 것으로 기대한다. 다만 기술적인 문제들이 발생하기도 했었고, 우리나라에서는, 사실 시차 문제 때문에 우리가 희생을 감수한 것인데, 주로 저녁부터 새벽까지의 시간대에 회의가 열려 접근성에도 약간 문제가 있었다. 그럼에도 불구하고 우리 공직사회를 포함해 모든 영역에서 이러한 세계적인 반부패 운동의 흐름, 최신의 관심, 이런 것들에 대해서 공유할 수 있었던 점은 무엇보다 중요한 성과였다."

김거성 전 청와대 수석,
'학생중심 교육'하고 코드인사 안해…
"소통 경기교육감 되겠다"

일시: 2022년 1월 20일

매체: **EduPress** 「에듀프레스」
빠르고 정확한 교육신문 에듀프레스

장재훈 기자

김거성 전 청와대 시민사회수석비서관. 그는 경기교육감 출마 예정자로 꼽힌다.

인터넷에 연관검색어 기능이 있던 시절, 김거성 이름 석자를 치면 '사립유치원', '골드바' 같은 단어가 함께 등장했다. 교육계에 그의 이름이 알려지기 시작한 것은 지난 2015년. 경기도교육청이 사립유치원에 대한 감사에 착수하면서부터이다.

당시 그는 경기도교육청 감사관으로 재직하고 있었다. 교육청이 사립유치원 회계를 본격적으로 들여다보기 시작하자 사립유치원 연합단체의 조직적인 반발과 저항이 일었다. 수천의 설립자와 운영자들이 교육청에 모여 '감사 거부' 시위를 벌였고, '감사 중단'을 요구하는 소송전을 벌이는 등 파장은 엄청났다.

그러던 어느 날 집으로 택배가 왔다. 그 속엔 사립유치원 측이 보낸 골드바가 들어 있었다고 한다. 즉시 돌려보냈지만 두고두고 회자된 사건이다.

경기도에서 촉발된 사건은 이후 '유치원 3법'으로 이어졌고 수십 년 동안 성역으로 남아있던 사립유치원에 에듀파인이 적용되는 등 개혁의 바람이 몰아쳤다.

사립유치원과 일전을 불사하며 개혁의 단초를 제공한 사람이 바로 김거성이다. 한때 사립유치원들로부터 공적 1호로 찍혔던 그는 올 6월 치러지는 경기도교육감 선거 출마를 예고했다.

지난 1999년 한국투명성기구(구 반부패국민연대)를 창립해 반부패운동을 이끌어온 그는 문재인정부에서 청와대 시민사회수석비서관을 지냈다.

19일 「에듀프레스」와 인터뷰에서 김 전 수석은 ▲ 학생중심 교육, ▲ 유아교육 공공성 강화, ▲ 비효율적 행정 관행 폐지, ▲ 코드인사 근절, ▲ 소통하는 민주적 리더십, ▲ 학부모 시민참여 확대 등을 키워드로 제시했다. 그러면서 "대한민국 교육을 선도하고 존중받는 경기교육을 위해 최선을 다하겠다"고 포부를 밝혔다. 다음은 일문일답.

'경기형 맞춤교육'으로 학생들이 행복한 학교 구현

— 경기교육감 선거 출마를 검토하는 것으로 알고 있다. 주위의 권유가 많았다고 들었는데 어떤 주문이 있었나.

"세 가지다. 첫째는 민주적 리더십을 가진 교육감, 소통하고 협업하는 교육감을 보고 싶다고 하더라. 둘째는 비리와 타협하지 않고 정도를 걸어가는 교육감을 원했다. 그리고 마지막으로 특정 단체나 이익집단에 휘둘리지 않고 학생만 바라보는 교육현장을 만들어 달라는 요구였다. 한 마디로 지금 경기교육으론 미래가 없으니 바꿔 달라는 당부다."

— 이재정 교육감의 그림자를 지적한 것으로 들린다.

"(내가) 평가하거나 평론할 위치에 있지 않다. 오히려 책임감을 느낀다."

— 얼마 전 기자 간담회에서 '학생중심 교육'을 선언했다. 이것도 책임감 때문인가.

"우리 교육은 지금까지 교사와 학부모 등이 학생보다 우선적 위치를 점하고 있다. 교사나 학교 위주의 공급자 중심 교육이다. 예컨대 학교에서 교과 시수를 정해놓으면 교사는 거기에 맞춰 진도를 나간다. 학생이 알건 모르건 진도는 나간다. '수포자'가 생기고 기초학력이 떨어지는 것도 이런 공급자 중심 교육 영향이다. 결과적으로 학교는 졸업장 따는 곳이 됐고 공부는 학원에서 하는 형국이 됐다. 교육감이 되면 이 같은 패러다임을 과감히 개혁, 교육의 중심을 학생 중심으로 바꾸겠다. 학생 개개인이 갖춘 능력과 끼, 관심 등을 최대한 반영하고 학업 수준과 가정 형편, 건강, 교육 환경 등에 맞게 복지 차원에서도 세밀한 케어가 되는 '경기형 맞춤교육'을 구현할 생각이다."

― 학생중심 교육은 현 이재정 교육감도 주장했던 내용인데.

"맞다. 지난 2018년 선거 때 학생 중심, 현장 중심을 캐치프레이즈로 내걸었던 것으로 알고 있다. 대단히 소중한 가치였다. 하지만 아쉽게도 4년이 다 된 지금 현장에서는 체감하지 못하고 있다. 구호에만 그친 때문이다. 구멍이 숭숭 뚫렸다."

학교업무 재구조화 사업 진통, 도교육청 판단미스가 화 자초

― 그러고 보니 경기교육계가 바람 잘 날 없다. 최근에는 학교 업무 재구조화 방안을 놓고 교원과 행정직 간 갈등이 심화되고 있다. 어떻게 보고 있나.

"교사들이 좀더 학생들에게 집중할 수 있도록 행정업무를 덜어주자는 취지에는 전적으로 동감한다. 문제는 이 사업을 추진하는 과정에서 방법도

김거성 전 경기교육청 감사관

순서도 잘못됐다는 사실이다. A가 하던 일을 B가 하라는 식으로 접근하면 반발이 나올 수밖에 없다. 그보다는 먼저 교사의 업무와 행정의 업무 중 불필요하고 비효율적인 행정 관행들을 어떻게 감축할 것인가를 발굴하고 그것을 전제로 '업무의 효율적 배분'을 논의했어야 한다. AI 시대에 아날로그식 행정을 하고 있으니 이런 갈등이 초래된 것이다."

— 아날로그 행정이라는 말은 뼈아픈 지적인데.

"비근한 예로 전기요금, 수도요금, 가스요금 모두를 개별학교에서 납부한다. 교직원 급여나 호봉책정도 학교에서 한다. 최근 논란이 된 스쿨넷은 대표적 케이스다. 교육지원청에서 한번에 묶어 처리하면 될 일인데 비효율 행정이 계속되고 있다. 그뿐인가. 학교에서 물건 하나 구입하면 영수증 받아와라, 도장 찍어라, 풀칠해서 붙여라 등등 온갖 불편한 잡무를 요구하는 게 현실이다. 인터넷 뱅킹하고 신용카드로 결재하면 될 일인데 불필요한 루틴이다. 일정규모 이하 예산은 학교에 완전한 자율성을 부여하고 필요하면 인터넷으로 스크린 하면 된다. 웬만한 업무는 모두 교육지원청으로 일원화, 학교 행정업무를 대폭 줄여야 한다."

― 그러려면 교육행정 조직에 대한 기능 개편이 있어야 할 것 같은데.

"교육지원청의 역할이 중요하다. 교육지원청은 도교육청을 지원하는 기관이 아니라 학교를 지원하는 조직이 돼야 한다."

줄 잘섰다고 초고속 승진… 무너진 인사원칙이 불신 키워

― 교육감들이 가장 비판받는 대목 중 하나가 인사다. 흔히 코드 인사니 내 사람 밀어주기니 하는 말들이 많다. 경기교육청도 인사에 대한 불만이 높은 것으로 알고 있다.

"인사는 원칙이 중요하다. 경기교육을 위해 얼마나 헌신하고 희생하고 기여했느냐를 공정하게 평가해서 등용해야 한다. 측근이더라도 희생하고 헌신했으면 승진하는 것이고 못하면 물러나는 것이 인사다. 특정 계파에 줄 섰다고 초고속 승진하고 교육감 주변에 있다는 이유로 교육장, 국장 등 요직을 독차지하면 당연히 불만이 나올 수밖에 없다. 교육청만 보지 말고

학교 현장에서 묵묵히 일하는 분들도 눈여겨 봐야 하는 게 그런 점이 아쉽다."

— 김거성 하면 사립유치원 비리 척결이 떠오른다. 당시 교육청 안팎에서 유치원은 건드리지 말자는 의견이 많았다고 들었는데.

"교육청 내부에서 덮고 가자는 압력이 있었고 저항도 컸다. '우리는 책임 못 진다. 권한이 없다. 버텨낼 수 있다고 생각하느냐'고 하더라. 당신 한 사람만 가만 있으면 모두가 편한데 왜 평지풍파를 일으키냐는 소리도 많이 들었다. 하지만 평생 불의와 타협하지 않고 살아왔다. '사립유치원 비리와의 싸움은 내 운명이다. 어쩔 수 없다'고 말해줬다." (이후 그는 감사관에서 물러났고 함께 일했던 직원들도 인사조치 됐다.)

사립유치원 공적(公敵) 1호… 평생 반부패 활동, 비리와 타협 안 해

— 위험 부담과 비난을 감수하면서까지 사립유치원 감사를 밀어붙인 이유가 뭔가.

"어린 원아들에게 유치원은 전부나 다름없을 정도로 소중한 존재다. 그런 곳이 일부 비리유치원들에서는 어른들의 돈벌이 수단으로 전락했다. 어떻게 용납할 수 있겠는가. 또 아이를 믿고 맡긴 학부모나 열악한 여건이지만 열심히 가르치는 선생님들을 생각해서라도 도망갈 수 없었다."

− 어쨌든 유치원 3법이 제정되고 사립유치원도 이전보다는 투명해졌다는 평가다. 교육감 출마 예상자로서 유아교육에 어떤 비전을 가지고 있나.

"근본적으로 유아교육 공공성을 확대하고 유아교육의 질을 높이는 게 목표다. 이를 위해 유치원을 유아학교로 변경하거나 유보 통합을 하는 것도 좋다고 본다. 유아교육투명사회협약에서 추진했던 것처럼 학부모와 유치원, 교육청 등이 유아교육 발전에 함께 힘으로 모으면 얼마든지 더 좋아질 수 있다."

− 교육감은 주민들이 직접 선출하지만 막상 당선되면 소수 교육 집단들에게 끌려다니는 모습을 종종 보게 된다. 시민을 위한 교육 대표인지 특정 집단 대표인지 구분이 안 된다.

"그런 단점을 보완하기 위해 교육감에 당선되면 학부모가 중심이 되는 시민참여를 늘려나갈 계획이다. 시민들이 교육에 참여할 수 있는 통로를 확대하고 그들의 목소리를 적극 반영할 것이다. 학부모들에게 교육 정보를 충분히 제공해야 제대로 된 역할을 할 수 있다. 또 그래야 학교 교육활동에 참여하는 학부모의 퀄리티도 높아진다."

− 경기교육계에서 '뚝심있지만 소박하고 겸손한 사람'이란 평가를 받고 있던데…

"도교육청 감사관 하면서 고생 많이 했다는 의미에서 좋게 봐준 것 아닐까. 어쨌든 감사하고 고마운 일이다. 대한민국 교육을 선도하고 존중받았던 경기교육의 명성이 최근 들어 퇴색한 것이 사실이다. 다시 한번 혁신적 개혁을 통해 경기교육을 활기차게 바꿔보고 싶다. 학교 생활이 즐겁고 행복한 경기교육, 바람직한 민주시민을 기르는 경기교육을 모두 함께 만들어 갔으면 하는 바람이다."

─ 자천 타천 후보군만 10여 명에 이른다. 하고 싶은 말은.

"장관을 지내고, 원장을 하고, 학장을 맡는 등 모두 훌륭한 분들이다. 다만 교육감 선거에 출마하려면 그동안 경기교육을 위해 무엇을 했는지 유권자들의 물음에 당당히 답할 수 있어야 한다고 본다."

"첫 번째 초대, 김거성"

⚜

일시: 2021. 11. 2. 6:25

장소: 청렴다방

인터뷰어: 이호석 · 김나경 기자, 정리: 송준하 편집장

인터뷰이: 김거성 전 청와대 시민사회수석

몇 해 전 우리나라를 떠들썩하게 했던 '사립유치원 감사' 사건을 기억하고 있는가? 한국유치원총연합회에서 연일 벌이던 시위와 반발 속에서 경기도교육청은 그동안 감추어져 왔던 사립유치원 회계 등 운영에 대한 대대적인 감사를 실시했다. '하룻강아지 범 무서운 줄 모르는 격'이었던 사립유치원 감사의 중심에는 당시 경기도교육청 감사관이던 김거성 전 청와대 시민사회수석이 있었다.

김거성 전 수석은 우리나라 반부패 시민사회 운동의 '거성_{巨星}'이
다. 민주화 이후 반부패 시민단체들의 연합체로 반부패국민연
대(현 한국투명성기구 전신) 창설을 주도하였고, 노무현 정부 당시
노무현 대통령, 박근혜 한나라당 대표, 이건희 삼성그룹 회장 등
한국 사회 주요 인사들이 모두 참여한 공공·정치·기업·시민사
회 영역의 범사회적 반부패 협약인 투명사회협약 체결을 이끌
었다. 목사, 공무원, 시민운동가 등 여러 경력과 직함을 가진 그
는 우리 사회가 보다 윤리적일 수 있도록 일평생 헌신해 온 사회
혁신가라 불리울 만하다. 평소 "예 할 것에 '예' 하고, 아니오 할
것에 '아니오' 하라"를 신조로 삼아 반부패 운동의 외길을 걸어
온 김거성 전 수석을 청렴다방 본지에서 독점 인터뷰했다.
그의 행적에 따라 한국투명성기구, 투명사회협약, 국가청렴위
원회, 경기도교육청, 반부패시민운동 순으로 문답을 진행했다.

■ 소개

Q. 자신을 짧게 소개한다면?

"현재 국제투명성기구 이사로 활동하고 있는 김거성이다. 민주화 이후 제
도권 내에서 활동하며 사회 투명성 제고와 부패 방지에 기여하고 싶어
1999년에 시민사회단체들의 연합체로 반부패국민연대를 제안하여 창립
할 수 있었다. 이후 국제투명성기구(Transparency International, 이하

TI)의 한국 지부(national chapter)로 인준을 받은 한국투명성기구에서
만 15년간 동안 사무총장, 부회장 그리고 회장으로 활동했다. 2014년 8월
말부터 만 4년 동안 경기도교육청에서 감사관으로 일했고, 이후 2019년
8월부터 1년여 청와대 시민사회수석으로 활동했으며, 지금은 상지대 객
원교수 그리고 국제투명성기구(본부)의 이사, 재무감사위원장으로 봉사
하고 있다."

■ 투명사회협약

Q. 한국투명성기구 재임 시절 모든 사회 주체가 참여하여 청렴성 제고를
   약속하는 투명사회협약 체결을 주도했다. 투명사회협약 체결의 의의는?

"15년의 한국투명성기구 활동에서 가장 기억에 남는 성과는 투명사회협
약이었다. 투명사회협약은 공공·정치·기업·시민사회 4영역을 아울러
'반부패' 가치 달성을 위해 노력했던 최초의 국내 사회적 컨센서스였다는
데 그 의의가 있다. 각 분야별로 할 수 있는 실천 과제를 제시하고 합의된
과제에 대한 이행 계획을 수립하여 이를 매해 평가·개선하는 프레임워크
가 있었다. 이슈, 지역, 분야별 분과들이 나뉘어 있었고 각 영역에서의 반
부패 활동을 주도하려는 체계였다.
결과적으로 이런 노력들을 바탕으로 TI의 CPI(Corruption Perceptions
Index, 부패인식지수) 순위를 상승시킬 수 있었고, 국제사회도 한국의 투
명사회협약을 반부패 운동의 롤모델(role model)로 평가하였다. 하지만

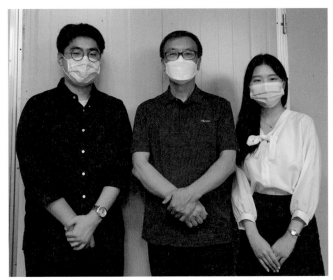

이호석 기자(좌), 김거성 전 수석, 김나경 기자(우)

정권교체 이후 MB정부 당시 투명사회협약을 백안시하여 중요한 발전 시기를 놓치고 동력을 상실한 것에 대해 매우 아쉽게 생각한다."

Q. 참여정부 당시 투명사회협약을 맺을 수 있게 된 배경은?

"노무현 당시 대통령 후보가 출사표를 던진 출마 선언 당일에 찾은 첫 공식 행사가 바로 한국투명성기구 총회와 CPI 발표 토론회였다. 노무현 후보는 그 자리에 와서 자신이 대통령이 된다면 우리나라를 CPI 상위 20위권으로 올려놓겠다고 약속했다. 총회가 끝나고 같이 점심 식사를 하며 우리나라가 청렴한 국가가 되기 위한 반부패 전략에 대해 논의했다. 그만큼 청렴한 대한민국을 만들고자 하는 노 전 대통령의 의지가 있었다."

■ 국가청렴위원회

Q. 참여정부 시절 국가 반부패정책 최고기구였던 국가청렴위원회(대통
   령 산하 위원회) 위원을 역임했다. 당시 위원회가 만든 반부패 성과는?

"당시 국가청렴위원회 비상임위원으로 활동을 했다. 전체적인 국가 차원의
반부패 의제를 설정하고 제시하는 대도(큰 칼) 역할을 하는 것이 국가청렴
위원회의 근본적인 역할이었다. 당시 위원회는 반부패 로드맵을 설정하고
투명사회협약을 구성하는 등 국가적인 반부패 과제 추진에 성과를 냈다."

Q. 독립된 반부패 전담 위원회 신설을 주장하시는 것으로 알고 있다. 현재 반
   부패 총괄기구인 국민권익위원회와 별도의 조직을 구성해야 하는 이유는?

"반부패 전담 총괄기구의 신설 자체가 중요하다는 것은 아니다. 그 독립성
과 역량이 더 보장, 강화되는 형태로의 변화가 핵심이라는 점을 지적하고
싶다. 현재 반부패 의제를 다루고 있는 국무총리 산하 국민권익위원회는
위원회 구성에서 행정부의 영향력이 상대적으로 강한데, 위원회 운영에
있어도 지금보다는 더 시민사회의 참여가 보장되는 방식으로 나아가야 한
다고 본다. 또한 행정심판, 고충 처리, 반부패정책을 권익위가 총괄하고
있는데 부패 문제에 강조점을 두고 더 집중해서 처리할 수 있는 기구가 필

요하다고 생각한다."

■ 경기도교육청 감사관

Q. 2019년 하반기에 사회를 떠들썩하게 했던 '사립유치원' 이슈의 중심에
   계셨다. 경기도교육청 감사관으로 재직하면서 이로 말미암아 어려움
   이 많았던 걸로 기억하는데?

"교육 영역에서 사립유치원은 그동안 제대로 감시할 수 없었던 이른바 감
사의 사각지대에 머물러 있었다. 감사를 시작하면서부터 한국유치원총연
합회(한유총) 등 사립유치원 일각으로부터 거센 저항을 받았다. 마치 '하
룻강아지 범 무서운지 모르는 격'의 감사였다. 감사 현장에 나간 감사 담당
공무원들에게 정치인 등의 전화가 오기에 본인은 권한이 없으니 감사관에
게 연락을 하시라고 응대하라고 했다. 그리고 김거성 감사관은 통화를
100% 녹취한다고 소문을 냈더니 약 한 달 정도 지나서부터는 그런 청탁성
전화가 더 이상 오지 않았다. 물론 내게 골드바가 배송되었던 일 등 다양한
형태의 청탁 시도가 있기도 했다."

Q. 감사관 재직 시절 사립유치원 회계 부정 등 여러 부정부패 이슈들을 다
   루셨다. 어떻게 교육 영역에서 이런 비리들이 발생하는지?

"사립유치원과 정치, 행정, 법조 등의 유착된 구조가 그동안 사립유치원을

감사 사각지대에 온존시켜 왔다. 그동안의 회계 등 운영 실태를 투명하게 공개할 경우 사립유치원 일각의 비리가 노출되는 문제가 발생한다. 물론 유아교육에 평생 헌신하고 봉사하신 분들도 많이 계신다. 그런데 그런 분들마저 욕되게 하는 결과를 초래하게끔 그동안 일강의 비리가 거의 통제되지 않는 구조에 문제가 있었던 것이다. 수익자부담경비 명목으로 학부모에게 걷는 돈을 공식 회계에는 기록하지 않고 사적으로 유용하는 등의 문제가 많았던 것이다."

Q. 교육계 부정부패 청산을 위한 앞으로의 과제는?

"교육계 비리 문제는 담당 공무원들의 노력만으로는 해결하지 못한다. 그 이면에 있는 '뒷배 봐주는' 유착관계 자체에 대항해야 한다. 부패 문제를 해결할 수 있는 만병통치약이란 없다. 따라서 보다 종합적으로 통전적인 접근(holistic approach)이 이뤄져야 한다. 학부모, 시민감사관, 언론, 시민사회 등 여러 주체들이 뭉쳐서 이 문제를 해결하려고 해야 한다. 이런 노력들을 바탕으로 정치나 행정 분야에서도 여러 관련 법제도를 정비하고 이에 따라 일부 부패행위자를 처벌하고 청렴 문화를 확산시킨다면 교육계 부정부패 청산을 시작할 수 있을 것이다."

■ 국제투명성기구

Q. 반부패국민연대(한국투명성기구 전신)가 TI 한국지부로 승인받아 국

제 반부패 운동에 동참한 점이 활동에 끼친 영향은?

"이전의 한국 시민사회 운동은 의제 제기 중심이었다. 국제투명성기구를 접하고 여기서는 시스템적 접근을 하는 것을 알게 되었다. TI로 인해, 부패 문제가 단순하지 않기 때문에 반부패를 하려면 비전 수립, 제도 구성, 의식 변화 등을 통해 지속 가능한 청렴 체계의 구축으로의 운동의 방향 전환이 필요하다는 인식을 할 수 있었다. 흔히 말하는 '만병통치약'이란 존재하지 않기 때문에 시스템적 접근을 해야 한다는 것으로 일종의 프레임·패러다 임 전환을 하게 된 배경이 되었다. 사회 주체들을 비난하기보다는 설득하 고 사후 대응보다는 사전 예방하는 방향을 설정하게 된 계기였다."

Q. 국제투명성기구가 주목하는 최근 동향은?

"실소유주-차명계좌(Beneficial Ownership) 이슈가 부상하고 있다. 최 근 공개된 파나마페이퍼스 문건도 같은 맥락이다. 청소년 그룹 참여 이슈 도 있는데 이전에는 제도 성립에 초점을 맞춰왔다면 이제는 의식 변화를 위해 청소년·청년(Youth) 그룹의 참여를 더 유도하고 있다. 한편 민주주 의·인권·젠더 이슈와 연관한 반부패를 생각하기도 한다. 보통 민주주의 가 취약한 환경에서는 부패가 잘 성장하곤 한다. 부패와 독재는 동전의 양 면과 같은 것으로 독재 정권에서는 부패가 쉬이 일어난다. TI는 각 국가 반 부패 운동이 실질적으로 이행될 수 있도록 힘쓰고 있다"

Q. 국제 반부패 운동은 어떤 방향으로 나아가야 하는가?

"부패는 점차 지능적이고 체계화되고 있다. 개발도상국에서 벗어나 선진국으로 가면서 직접적으로 뇌물을 주는 형태의 부패는 줄어들지만 대신 합법을 포장한 간접적인 방식의 교묘한 부패가 늘어난다. 즉, '뇌물 없는 부패'(corruption without bribes)라고 부를 수 있을 합법을 가장한 부패와 이권을 둘러싸고 벌이는 부패가 더 나타나고 있다.

가령, 국내의 경우 여러 건설 프로젝트에서도 시민들의 이익 대신 구조적으로 특정 사업자에게 유리하게 설계한 사례들이 있다. 우면산터널, 서울-춘천 고속도로, 부산-김해 경전철 등 대형 건설 사업들이 그 실례이다. 사업 그림을 그리는 단계에서 예상 이용자 수(혼잡률)에 근거하여 기대수익을 계산한다. 이에 기반해 민간 사업자의 일정 최저 수익이 보장되도록 기관이 수익분을 지원하는데 이때 엉터리 혼잡률이 수익을 보장하게 된다. 사업 설계시부터 민간 사업자가 어떤 방식으로든 영향력을 행사하여 실수요를 왜곡하고 사업자에게 이권을 보장한다. 이런 식의 지능적이고 체계적인 부패들에 대해서도 제대로 대응하는 새로운 반부패 운동이 필요하다."

■ 한국의 반부패 운동

Q. 대한민국의 현재 반부패 진척 상황은?

"직접적인 뇌물이 오고 가는 저개발국형 부패는 많이 극복되었다. 하지만 합법을 가장한 지능형 부패, 부패카르텔 등의 지능화·체계화된 부패 문제가 남아있다. 이를 극복하지 못한다면 CPI 30위 이하에 계속 머물러 있을 수밖에 없다. 이제 표면적으로는 문제가 잘 드러나지 않기 때문에 조직 내부의 문제를 꿰뚫는 내부자들이 나서서 문제를 제기하는 반부패 실천이 더 요구된다. 그러한 내부자들을 보호하는 것이 바로 정부와 사회의 몫이다."

Q. 한국 사회의 반부패 시민운동이 발전해 나가야 하는 방향은?

"더 힘찬 참여를 이끌어 내야 한다. 지금까지 해왔던 사안 중심 문제 제기와 고발 및 폭로 등을 통한 의제 설정도 물론 중요하다. 하지만 여러 주체들이 더 적극적으로 참여할 수 있도록 보호하고 독려하는 역할을 맡아야 한다. 축구 등 스포츠 경기에서 한일전은 이겨야 된다고 다들 생각하지만, CPI에서 일본에게 늘 뒤지는 모습을 안타까워하는가? 적어도 그런 면에서 사람들이 관심을 가져 모든 영역에서 비전을 공유하고 함께 과제를 추진해야 한다. 나아가서는 반부패의 사회적 합의와 실천으로 대표되는 'K-Integrity'로서 국가의 대표 브랜드 가운데 하나로 만들 수 있어야 하겠다."

Q. 앞으로의 활동 계획은?

"크게 보면 요청받고 있는 두 가지 기대 역할이 있다. 하나는 시민운동을 통해 시민사회에 지속적으로 반부패 운동에 대한 동기를 부여하는 역할

구리시 구민교회 앞

(inspiring)을 하는 것이다. 다른 하나는 특정한 영역에서 기관 활동에서 반부패 모델을 만드는 것이다. 두 계획 모두 관심이 있고 반부패 롤모델 만들기를 계속해 나가고자 한다."

■ 마무리

Q. '청렴'(integrity)이란 어떻게 정의할 수 있는가?

"동아시아권 사람들을 만나면 integrity가 무엇인지 서로 이야기하곤 한다. (웃음) 서양에서 지칭하는 용어를 정확히 번역하기 힘들기 때문이다. 현재 '성렴'으로 번역하는데 청렴은 대비되는 반대어가 불분명하다는 한계가 있다. 본래 integrity는 단순히 부패가 없는 것을 지칭하는 것이 아니라 완벽함, 흠잡을 데 없음(무흠), 있어야 하는 것만 있음을 지칭하는 단어이다. 그렇기에 integrity를 '순전성'이라고 표현하는 것이 더 적절해 보인다. 논의를 확장해보면 상대방을 자신의 탐욕을 채우는 수단이 아니라 목적으로 또 인격체로 대우하여 서로 인권을 존중하는 사회가 청렴한 사회라고 할 수 있다."

Q. 이 시대를 살아가는 청년들에게 전하고 싶은 말이 있다면?

"아시아권 국가 중 캄보디아는 청년 정도 나이가 되면 사회의 주인으로 취급한다. 반면, 우리 사회에서 청년은 미래의 주역으로 인식되곤 한다. 하지만 청년은 현재의 주역이어야 한다. 청년은 현재에서부터 사회를 바꾸는 역할을 해야 한다. '사회를 나가보니 현실은 그렇지 않더라'고 이야기하며 기성 사회에 동화되는 것은 바람직하지 않다. 순전성이 뛰어난 청년들이 바로 지금 우리 사회에서 담당할 역할이 있다."
URL: https://blog.naver.com/transparencyk/222555946197

#국제투명성기구, #한국투명성기구, #시민사회수석, #경기도교육청, #국가청렴위원회 #송죽원 #청와대 #상지대학교 #청렴인터뷰 #청렴인물 #청렴인물인터뷰 #김거성 #청렴 #투명사회협약 #사립유치원 #회계감사 #반부패국민연대

"지능적 부패의 시대, 사회적 통제 절실"

❧

— 지난 12월 1일 국제반부패회의 발제에서 '뇌물 없는 부패'의 문제점을
  지적했는데 '뇌물 없는 부패'란 무엇인지?

"과거에 부패 개념은 대부분 직접적 뇌물과 동의어처럼 사용되었다. 초보
적 부패는 직접적인 뇌물이나 강탈로 나타났다. 하지만 더 진화된 지능적
인 부패가 있는데, 바로 '뇌물 없는 부패'다. 누가 언제 누구에게 불법으로
부당한 이익을 취하게 했는지 특정하기 어려운 것이다.

OECD에 따르면, 정책 포획이란 공공정책 결정을 공익에서 벗어나 특정
이익집단이나 개인의 이익으로 일관되게 또는 반복적으로 유도하는 과정
을 말한다. 그런 국가포획이나 정책 포획 외에도 보이지 않는 부패, 뇌물
없는 부패의 사례들은 수없이 많다. 몇 가지 실제 사례를 언급해 보자. 권
력을 남용해 부하 직원, 고객 등에게 성 상납, 성추행, 성희롱 등 성 착취가

지난 12월 1일 국제반부패회의에서 발표 중인 김거성

발생한다. 이른바 '전관예우', 즉 자신의 상관이나 동료 등에게 특혜를 주어 그들이 부당한 이익을 얻게 하고 자신도 퇴직 후 같은 혜택을 받기도 한다. 쓸모도 없고 환경에도 악영향을 주는 대규모 토목 공사를 실시한다. 부풀려진 민간 투자 사업에 국가나 지방자치단체가 세금으로 최소 운용 수익을 보장해 준다. 특정 이익집단을 위해 점검이나 감사를 제대로 실시하지 않는다. 세금으로 운용되는 정부나 공공기관, 그 공무원 등이 특정 정치세력을 위한 캠페인에 나선다. 전자조달시스템의 보안을 뚫고 들어갈 수 있는 열쇠를 개발업체에 요구한다. 우월적 지위를 남용하여 불공정한 계약을 강요한다.

찾아보면 실제 사례들은 끝없이 나올 것이다. 그런데 부패를 뇌물과 동일시하면 많은 사람이 더 심각하다고 인식하고 있는 '보이지 않는' 부패를 통제하기 어렵다. 이런 점에서 자잘한 보이는 뇌물의 통제를 넘어서 '뇌물 없는 부패'의 통제도 필수적이다."

— 전 세계 가장 청렴한 국가들과 부패한 국가들의 특징은?

"제도를 특정 이익집단을 위해 설계한 쪽과 국민 대다수의 복리를 위해 한 쪽, 어느 쪽이 청렴한 나라일까? 거짓과 왜곡을 일삼으며 정보를 통제하는 쪽과 진실을 추구하며 정보를 개방하는 쪽, 어느 쪽이 부패한 나라일까? 이것은 국가 차원뿐만 아니라 지방자치나 공공 부문 대부분에 적용되는 질문이다. 청렴한 국가나 조직의 특징은 개방성, 투명성, 거짓 없는 염결성(integrity), 공공성, 책무성 등이다.

당연히 이런 가치들을 배반하고 가로막는 것이 부패한 국가들의 특징이다. 기업 부문, 즉 경제계나 시민사회의 의식과 역할도 물론 중요하다. 어느 한쪽만 일류라고 청렴 사회라고 한다면 그것은 거짓이다. 다 함께 더 맑게 청렴한 나라를 만들어 나가야 하는 것이다."

— 부패 없는 나라, 청렴한 나라를 만들기 위해 우리 국민들과 정부의 어떤 전략이나 노력이 필요하다고 보나?

"첫째로 보다 공정한 민주국가를 위한 사회협약의 서명과 추진이 요구된다. 2005년 3월 9일 우리나라에서 공공, 기업, 정치 부문, 시민사회 등 4주체가 참여하여 투명사회협약을 체결하고 몇 년 동안 이를 이행하기 위한 노력을 기울여 왔다. 나아가 이 협약은 각 분야로, 지역별로, 계기별로 확산되었다. 국제투명성기구는 이를 반부패 운동의 역할모델이라고 칭찬했다. 보수적 정권으로 바뀌면서 이 협약이 무력화되었지만, 나는 여전히 이 모델이 가장 효과적이고 포용적인 반부패 연대 전략이라고 믿고 있다. 보다 공정한 민주국가를 위해 사회 각 부문이 각자의 실천 과제를 제시하고 참여하는 큰 밑그림을 그리고 이에 따른 지속적인 실천이 있어야 한다.

둘째로 뇌물보다 부패에 집중하는 반부패정책이 필요하다. 물론 뇌물이 완전하게 사라진 것은 아니지만, 적어도 한국은 더 이상 직접적이며 일상적인 뇌물수수가 횡행하는 '뇌물 공화국'은 아니다. 그럼에도 불구하고 여전히 '부패로부터 자유로운 민주국가'라는 평가를 받기는 어렵다. 정책 포획이나 전관 비리 등 뇌물이 직접 보이지 않는 영역, 즉 부패의 네트워크를 극복하는 것이 더욱 중요한 반부패 정책이 되어야 한다. 반부패 기관도 지능형 부패에 대한 통제력을 갖추어야 한다.

셋째로 부패에 대한 시민 통제가 강화되어야 한다. 언론, 시민사회 등과 더불어 국민들도 이처럼 부패근절을 위해 적극적인 역할을 담당해야 한다. 직접적 뇌물 공여나 수뢰뿐만 아니라 정책 포획이나 전관예우 등 거시적 부패에 대해서도 누구나 신고하도록 하고, 나아가 특정이 가능한 경우에는 필요할 때 신고자에 대한 보호와 보상도 가능하도록 공익제보의 영역을 확장하는 것도 고려해야 한다. 언론은 탐사보도를 통해서 자잘한 뇌물 사건만이 아닌 대규모 정책의 왜곡으로 특정 집단의 이권을 보장해 주는 부패 구조를 혁파해 나가야 한다.

넷째로 건전한 윤리 인프라의 구축이 필수적이다. 부패를 예방하지 못하는 것은 장기적으로 우리가 미래에 대해 마땅히 져야 할 책임을 버리는 것이다. 따라서 장년층은 물론 어린이와 청소년을 위한 민주시민교육 차원에서 반부패 교육을 지속 가능한 민주국가를 위한 필수 과제로 삼아야 한

다. 나아가 시민사회와 정부는 청년들이 반부패 활동에 동참하고 실천하
도록 지원해야 한다."

"사립유치원,
교육청에서 손댈 수 없는 '성역'이었다"

일시: 2018년 10월 23일
매체: 「오마이뉴스」

김거성 목사는 경기도교육청 개방형 감사관 4년의 공직을 지난 8월에 마쳤다. 감사관으로 지내면서 그동안 '성역'으로 여겨졌던 사립유치원의 비리를 거침없이 파헤쳤고, 그 과정에서 협박과 고발 등 온갖 어려움을 당했다. 한 사립유치원 원장은 아예 뇌물로 그를 매수하려고까지 하였다. 비록 4년의 짧은 공직생활을 했지만 그는 한국사회 교육 분야 부패 문제에 큰 경종을 울렸다.

그러나 이런 노력에도 불구하고 그가 지난 8월 퇴임한 후 경기도교육청은 사립유치원 특정 감사를 올해까지만 진행하고 내년부터는 하지 않기로 했다고 한다. 그에 따르면 경기도교육청 관계자가 "그간 특정 감사를 진행하면서 사립유치원 원장들과 의견대립이 컸다"며 그래서 특정 감사를 더 진행하지 않기로 했다고 한다. 참 기가 찰 노릇이다. 그럼 향후 비리를 저지른 범죄 집단과 의견대립이 크면 정부 기관은 감사를 중단할 것인가? (이에 대해 경기도교육청은 "사립유치원에 대한 특정 감사를 더 이상 실시하지 않는다고 한 것은 사실이 아니며 사립유치원에 대한 특정 감사를 앞으로 더욱 강화할 계획"이라고 밝혔다.)

성공회대 한홍구 교수는 '민립대학'에서 '개인왕국'으로 전락한 비리 사학의 역사적 뿌리를 파헤친 적이 있다. 교육은 백년대계라는데 사립유치원부터 대학까지 이렇게 비리가 차고 넘치는 것을 보면서 '정말 위에서부터 아래까지 다 썩었구나!'라는 탄식과 우려가 든다. 우리나라 최초의 국제투명성기구 이사였고 '반부패 전도사'인 김거성 경기도교육청 전 감사관과 사립유치원 비리 문제에 대해 지난 20일부터 22일까지 인터뷰한 내용을 정리하여 싣는다.

"정치인들이 교육청 찾아와 압박성 청탁"

― 먼저 독자들을 위해 시민감사관과 일반감사관의 차이를 설명하면?

"'공공감사에 관한 법률'에는 전문지식이나 실무경험 등이 요구되는 분야를 감사하는 경우 외부 전문 기관 또는 외부 전문가를 감사에 참여시킬 수 있다는 조항이 있다. 이에 따라 전문직 종사자들의 참여로 감사의 질을 제고하면서, 동시에 시민단체 활동가 등 시민참여를 통해 감사 담당 공무원들에게 영향력을 행사하려는 시도를 차단하고 감사가 보다 공정하고 객관

적인 시각에서 이루어지도록 부수적인 효과를 도모하는 것이 바로 시민감
사관 제도다.

경기도교육청의 경우 초기에는 내부 규칙에 근거해 운영되다가,
2016년 말 경기도의회에서 조례로 제정하여 지금은 15명 내의 시민감
사관들을 임용·위촉하여 활동하도록 되어 있다. 보통 공무원으로 임용
되면 문제없는 경우 정년이 보장되어 있지만 시민감사관들은 자신의 임
기동안에만 활동하고 임기 후에는 다시 일반인으로 돌아가게 된다."

— 사립유치원들에 대한 경기도교육청의 특정 감사가 시작되면서 사립유
치원들이 시민감사관의 '직권남용'이나 '부당 감사'라며 반발했다는데?

"사실 감사 시작 전까지 사립유치원은 교육청에서 손댈 수 없는 '성
역'이라는 분위기가 팽배해 있었다. 그래서 역시 사립유치원 특정 감사
는 만만한 일이 아니었다. 처음에는 정치인들이 수차례 교육청을 찾아
와 압박성 청탁을 했다. 그래도 감사를 멈추지 않으니 집단행동을 통해
'직권남용', '부당 감사', '승진에 눈이 먼' 공무원의 일탈이라며 비난했다.
그들은 유아정책포럼이라는 단체를 만들어 불법 감사라고 주장했다. 그
러나 이미 그 시점에 교육부로부터 교육청의 감사가 당연히 근거가 있다
는 점을 통보받았다.

뿐만 아니라 그들은 같은 혐의로 교육감, 감사관, 사무관을 검찰에
고발하기도 했다. 나중에 혐의없음 처분이 내려졌다. 이러한 방식이 별
로 소득이 없게 되면서 한국유치원총연합회는 지난해 추석을 앞두고 법

으로 금지되어 있는 집단휴업으로 학부모들을 협박했다. 그러나 여론에 밀려 이를 철회했다. 나중에는 자신들의 입장을 대변하는 언론을 통해 감사 담당자, 시민감사관 개개인을 공격하기도 했다."

— 특별히 경기도교육청 시민감사관들에 대해 사립유치원들이 '완장찼다', '갑질이다' 하며 비난했던 이유가 어디에 있다고 보나?

"그런 말들은 청탁, 압력이 통하지 않는 데 대해서 감사를 회피하려고 비리 유치원들과 이들을 대변하는 일부 정치인들, 이른바 '찌라시' 등이 만들어낸 말일 뿐이다.

시민감사관이 사립유치원 특정 감사에 참여하면서 첫 반응은 정치인들 몇몇이 '우리 지역에 특정 감사 나온다는데, 시민감사관들만 좀 빼주면 안 되는가?' 하는 청탁으로 나타났다. 경기도교육청의 경우 시민감사관들을 다양한 영역에서 모셨는데, 이들 가운데는 국회의원을 지낸 분도 있고, 지금은 그만두고 차관급 공무원으로 가신 분도 있다. 이들이 시민감사관으로 활동하면서 '완장'을 찼다고 '갑질'할 사람들인가?

사실 제도 도입 후 시민감사관들이 특정 감사에 본격적으로 처음 참여한 것은 학교급식 분야였는데, 거기서는 그런 말 나오지 않았다. 변호사, 회계사, 건축사 등 전문직들이 참여하여 감사가 꼼꼼해진 측면도 있겠지만, 그보다도 시민감사관들이 감사 활동에 참여하면서 외부로부터 영향력을 행사하려는 시도가 힘들어지게 되었다는 것을 반증할 뿐이다."

— 지난 4년 동안 사립유치원 감사를 하면서 도의원이나 국회의원 등을 통한 외부의 압박이나 회유도 있었을 것 같은데 구체적인 사례를 든다면?

"내 입으로 구체적 사례를 말하는 것은 적절하지 않다고 생각한다. 그들 스스로가 알 것이다. 또 의회 홈페이지나 언론 등을 들추어보면 어떤 정치인들이 비리 유치원의 대변인이 되어 교육부나 교육청 등을 압박하였는지 일부가 드러난다. 물론 사립유치원의 정당한 요구를 전달하는 것은 문제가 아니다. 하지만 뒤로 결탁하여 아이들이나 학부모, 교직원, 납세자, 국민들을 내치고 일부 탐욕에 젖은 사람들을 대변한 것이라면 이는 자신들을 선출해준 유권자들, 국민에 대한 배반이다."

"문제는 매우 심각한 비리들이 그동안 편만해 있었다는 점"

— 사립유치원 비리는 이번에 이름이 외부에 공개된 유치원들에 국한된 것인가?

"사립유치원들 모두를 비리 집단이라 해서는 안 된다. 수십 년을 유아교육 한길에 매진하면서 헌신 봉사한 많은 선량한 유치원 원장들, 교직원들도 많다. 또 명단 공개된 유치원들 가운데 시정이나 주의 등 가벼운 처분만을 받은 곳들도 상당수 있다. 하지만 지금 문제가 되는 것은 매우 심각한 비리들이 그동안 편만해 있었다는 점이다. 이러한 비리들은 유아들의 건강, 교육과정, 안전 등에 직결되기 때문에 학부모를 비롯한 국민들의 분노가 거센 것이다.

더욱이 이번 명단 발표는 감사를 받은 유치원들에 국한되어 있고, 감사를 거부해서 검찰에 고발된 곳들, 아직 감사를 받지 않은 곳들도 수두룩하므로 비리 규모나 범위, 수법 등은 보다 확대될 가능성이 있다. 또 검찰에서 고발된 유치원들을 최종 어떻게 처분하는지에 대해서도 국민들이 관심을 가지고 지켜봐야 한다."

— 사립유치원 부패근절 대안 중의 하나로 사립유치원 지원금을 아예 학부모에게 바우처 같은 형식으로 직접 지급하면 어떤가?

"지원금이 아니라 정부가 직접 보조금 형태로 지원해야 보다 확실한 통제가 가능해진다. 그러면 지금과 같은 비리들을 횡령죄로 처벌할 수 있게 되기 때문이다. 다만 홈스쿨링이나 협동조합 형태의 양육을 선택한 경우 제한적으로 바우처 제도를 활용하도록 하는 것도 연구해 볼 수 있을 것이다."

— 지난 8월 27일 퇴직했고 개방형 감사관을 4년 했는데, 사립유치원들의 반발로 더 이상 감사관 역할을 못 하는 것 같은 느낌을 지울 수 없는데?

"글쎄, 사립유치원들의 반발로 더 이상 못 한 것이라 단정하기는 힘들다. 오히려 지금처럼 훨씬 자유롭게 유아교육 공공성을 제고하기 위해 활동할 수 있게 해 준 것을 감사하게 생각한다. 많은 감사 담당 공무원들, 시민감사관들이 있어서 국민들의 요구에 부응하며 투명성, 책임성을 높이는 노력을 계속할 것이다."

— 오래전에 의정부지검에 사립유치원에서 회유하려고 보낸 골드바 뇌물 관련 사안을 제보했는데 지금에야 검찰에서 조사를 개시한 것을 보면 여론압박에 못 이겨 마지못해 조사개시를 했다는 의심을 지울 수가 없는데?

"골드바 사안 관련해서는 지금이라도 실체를 드러내고 합당한 처분이 나오기를 기대한다. 그 사안 말고도 교육청으로부터 고발된 사립유치원 비리와 관련된 많은 사안들이 있다. 그리고 그 배경에는 공급자들, 관련 이익단체들이 있다. 돈이 어디로 나가고 들어왔는지 수사 없이 강제수사권이 없는 교육청의 서류만 들추어보고 면죄부를 주는 일은 더 이상 없어야 한다. 그들은 이번에 명단이 공개된 유치원들보다 비리 등이 훨씬 심각했기에 고발된 것이다."

— 경기도 지역 사립유치원 비리는 빙산의 일각이라는 생각이 든다. 서울교육청을 비롯한 다른 교육청은 사립유치원 비리와 관련해 왜 이리 조용하다고 보는지?

"경기도가 전체 인구의 4분의 1 이상을 차지하고 있다는 점에서 양적으로 다른 교육청들보다 비리 규모가 더 크게 느껴질 수 있다. 하지만 더 중요한 문제는 감사기법과 착안점 등에 따른 감사의 품질이다. 경기도교육청의 경우 그냥 영수증 확인이나 금액이 맞는지만 점검하고 넘어가는 것이 아니다.

예를 들면 교재비로 송금했다며 1,000만 원 영수증을 첨부했어도 감사 담당자들은 그 송금의 상대방 계좌를 추적해 본다. 그러면 원장 본인 또는 가족의 통장으로 갔다는 사실을 알게 된다. 52만 원을 교사회식에 사용했다면서 신용카드 영수증을 첨부했지만 상호와 주소를 찾아보면 뷰티살롱이다. 홈페이지에 '연예인 피부만들기' 48만 원이라고 선전하고 있음을 확인해냈다.

다른 교육청들도 이런 감사기법을 활용한다고 생각하지만, 기업형 유치원들이 별로 없고 규모가 작은 유치원들이 대부분이어서 경기지역에 비해 덜한 것으로 보일 수 있다. 또 시민감사관 참여를 통해 각종 압력이나 청탁 등으로부터 자유로운 공정한 감사도 중요하다."

"원아모집 중단으로 학부모 압박하는 사립유치원, 우선 감사 대상 삼아야"

— 사립유치원 비리 관련하여 (시민)감사관의 권한 강화 및 타 정부 기관과의 협력체제 강화 등 향후 제도적으로 개선이 필요한 부분도 있을 것 같은데?

"지원금을 보조금으로 바꾸며, 국가관리회계시스템(에듀파인)을 통해 회계 처리하고, 처음 학교로 입학관리시스템을 활용하는 것, 비리 유치원의 간판 바꿔 달기 금지 등 투명성과 책임성을 제고하려는 논의가 시작되는 것은 바람직한 일이다. 아울러 다음 몇 가지를 포함한 추가적인 과제들이 고민되어야 한다.

첫째, 국무조정실의 정부합동부패예방감시단을 확대 개편하여 일정 기간 사립유치원 감사를 전담하도록 해야 한다. 이는 감사의 균질화, 처분기준 통일적 적용에도 유용하겠지만, 교육청이나 도청이 계좌추적 등 강제수사권이 있는 검경, 국세청 등과 공조하면 훨씬 효과적으로 감사할 수 있다. 특히 폐원, 원아 모집 중단 등으로 또다시 학부모와 국민을 압박하는 사립유치원들을 우선으로 감사 대상으로 삼을 필요가 있다.

둘째, 사립유치원과 정치권 등에 대한 시민감시가 강화되어야 한다. 시민감사관 활동도 그 하나에 속한다. 각종 의회 등의 정보를 꼼꼼히 확인하여 특정 이익집단을 대변하고 국민 대다수의 복리를 외면하는 정치인들은 도태시켜야 한다. 사립유치원 운영위원회를 법적 심의기구로 만들고, 운영위원의 교육과 네트워킹을 통해 내부 감시가 가능하도록 제도화할 필요가 있다.

셋째, 사립유치원의 합리적 제도 개선 요구는 수용해야 한다. 경기도교육청 감사관에서는 국무조정실에 적립금 제도를 인정해 주도록 제도 개선을 제안, 관철시킨 바 있다. 이에 따라 경기도교육청은 통학버스 등 포함 적립재원 세입과목, 즉 공통과정지원금, 교육비, 설치·경영자 이전 수입(법정부담전입금 제외), 잡수입금, 순세계잉여금 합계액의 10%를 적립하여 시설 보강이나 통학버스 등에 사용할 수 있도록 인정해 주고 있다. 앞으로도 표준원비 미만 유치원의 경우 원비 인상률을 차등 적용한다거나 하는 과제들이 있다.

넷째, 공공성 증진을 위한 사립유치원들의 자율적 노력을 독려해야 한다. 지금 대화가 통하지 않는 시기가 지나면 유치원 내부의 자정분위기가 형성될 수 있으리라고 기대한다. 지난 2016년부터 경기도교육청에서 투명사회협약유치원으로 참여한 곳들이 대표적으로 자율 노력의 필요성에 대해 긍정하고 그 방향을 추구, 실천할 것을 약속한 실제 사례다. 사립유치원의 공공성 제고는 국공립 원아 수용률 40%를 달성하는 목표와 배타적이 아닌 상보적 과제로 받아들여져야 한다. 또 이와 관련하여 중장기 유아교육 발전방안이 사회적 합의로 마련되어야 한다."

— 지난 8월 4년의 임기를 마치고 감사관직을 떠나면서 아쉬움도 많을 것 같은데?

"감사관으로 충분히 제 역할을 하지 못했다는 자책감이 없지 않다. 그러나 고향 부모의 집에 안주하지 않고 다음 지시하는 곳으로 떠나는 데서 발전이 시작된다고 믿는다. 우공이산愚公移山의 이야기처럼 지금까지 한 삽, 한 지게를 짊어지고 흙을 옮겼지만, 산이야 국민들이 옮겨주지 않겠는가?"

함께 글쓴이

(글 실은 순서대로)

노영민	전 대통령 비서실장
장하나	정치하는엄마들 사무국장, 제19대 국회의원
오종민	전 경기도교육청 감사관실 특정감사팀장
김응교	시인, 숙명여대 국문과 교수
강성구	민주화운동기념사업회 상임부이사장
박래군	4.16재단 상임이사
이동경	MBC 기자
김정례	전 경기도교육청 유아교육과장
최양규	홍익대 역사교육과 교수
이종현	전 교육부 학교혁신지원실장
공유상	공장 노동자
이선희	전 방위사업청장, 전 한국투명성기구 공동대표
문종만	장애인거주 시설 계명원장
박일영	전 루터대학교 총장
박채영	민주노총 민주택시노동조합 전 조직2국장
남지은	고등학생, 서울 시민
신영례	아동양육시설 송죽원장
장소연	상지대학교 학생
강민우	상지대학교 학생
주낙현	대한성공회 서울주교좌성당 주임사제